그토록 이루고 싶은 꿈

My Dearest Dreams

그토록 이루고 싶은 꿈

My Dearest Dreams

끊임없는 배움과 도전으로
증명한 시대의 기록

김정원 지음

한림출판사

그토록 이루고 싶은 꿈

끊임없는 배움과 도전으로 증명한 시대의 기록

2025년 1월 25일 초판 1쇄 발행

글·사진	김정원
기획	에이징커뮤니케이션센터
펴낸이	임상백
총괄	임송희
편집	함민지
디자인	이혜희
제작	이호철
독자감동	이명천 장재혁 김태운
경영지원	박연우

ISBN 979-11-92697-95-6 03190

펴낸곳 한림출판사 | **주소** (03190) 서울특별시 종로구 종로12길 15
등록 1963년 1월 18일 제 300-1963-1호
전화 02-735-7551~4 | **전송** 02-730-5149
전자우편 hollym@hollym.co.kr | **홈페이지** www.hollym.net

* 값은 뒤표지에 있습니다.
* 잘못 만든 책은 구입하신 곳에서 바꾸어 드립니다.

앞으로 나아가야 할 길을 생각할 때
우리는 역사를 따라 걸어온 발걸음과 우리가 남긴 기록을 살펴보아야 한다.

프롤로그

진정한 노블레스 오블리주를 실천한 작은 거인

한국 군사 정전에 관한 협정 3주년을 앞둔 1957년 7월 15일, 미국의 일간지 『보스턴 글로브』에는 하버드대에 재학 중이던 21살 한국 청년의 글이 실렸습니다. 5일 전 해당 신문에서 보도했던 「한국은 도둑의 소굴」이라는 기사에 대해 당당하게 반론을 제기한 칼럼이었습니다. 이 사실이 한국 언론에 대대적으로 보도되면서 한국인들은 격분했고 동시에 커다란 위안을 받았습니다.

이 책은 그때 그 청년에 관한 이야기입니다. 그 청년의 삶과 그의 가족들 그리고 그들이 살아 낸 시대에 관한 이야기입니다. 그의 이름은 김정원金正源. 한국전쟁 기간 내내 학생 웅변계의 스타였던 김정원은 1956년 미국으로 유학을 떠났습니다. 하버드대·컬럼비아대·존스홉킨스대·하버드 로스쿨에서 공부하고, 연구원·대학교수·변호사·저자·칼럼니스트 등으로 활동했습니다. 조국의 민주화에 기여하고자 1987년에 귀국해 국가안전기획부(현 국가정보원) 국제담당 2차장, 외무부(현 외교부) 본부대사, 한국국제교류재단 이사장을 지냈습니다. 공직에서 물러난 뒤에는 다시 캠퍼스로 돌아가 대학교수, 국제중재인으로 활약했으며 2023년 영면했습니다.

김정원 박사가 소천하신 후 고인의 유지에 따라 '김정원 박사 추모사업회'가 꾸려졌습니다. 추모사업회는 '한 알의 밀이 땅에 떨어져 죽지 아니하면 한 알 그대로 있고, 죽으면 많은 열매를 맺느니라'라는 성경 말씀에 따라 방향성을 정했습니다.

김 박사는 늘 나누는 삶을 살았습니다. 특히 교육이 어떻게 개인의 삶과 사회, 국가를 바꿀 수 있는지 알고 있었기에 학생들에게 장학금을 주고, 한국의 친구가 되고 싶어 하는 외국인들을 돕는 데 주저하지 않았습니다. 그 어떤 언론에도 알리지 않고 조용히 자선의 길을 걸었습니다.

그는 할아버지 김종숙 선생의 거의 모든 재산이 지역 학교에 기증되는 것을 보고 자랐습니다. 하버드 로스쿨에 재학 중일 때 피터 브룩스 솔턴스톨Peter Brooks Saltonstall 장학금을 받으면서 큰 감동을 받았습니다. 하버드대에 재학 중이던 피터 브룩스 솔턴스톨은 제2차 세계대전이 발발하자 미 해병대에 입대했고, 1944년 전사했습니다. 아들을 잃은 부모는 아들을 기리고자 모교인 하버드대에 그의 이름을 딴 장학금을 만들었습니다. 여기서 그치지 않고 장학금을 받는 학생들을 초대해 장학금을 기부하게 된 배경과 아들에 대해 이야기를 나누고 학생들을 격려하는 시간을 가졌습니다. 김 박사는 그 만남을 오랫동안 잊지 못했습니다.

그는 자신을 도와준 빌 보스Bill Boss 종군기자, 후안 트리페Juan Trippe 팬암 회장, 리스 해리스Reese Harris 뉴욕 하노버은행 부총재에게 항상 고마움을 간직하고 있었습니다. 미국 최고의 교육기관에서 공부하며 두 개의 박사 학위를 취득했지만 대부분 장학금을 받은 덕분에 학비가 거의 들지 않았습니다. 그는 자신이 받은 장학금을 기증자와 학교, 사회로부터 진 일종의 빚이라 여겼고, 언젠가 어떤 식으로든 갚아야 한다고 생각했습니다.

심지어 언론인이었던 아버지가 박정희 정권의 군부독재에 반대하다가 전 재산을 몰수당한 사건도 국가에 '강제 기부'한 것으로 해석했습니다. 그 자금이 오늘날 한국의 눈부신 경제 성장에 작은 기여를 했다고 생각하면 위안이 된다고도 했습니다.

'김정원 박사 추모사업회'는 그를 대신해 먼저 노숙인 지원단체, 장애인 후원단체, 제3세계 아동교육 지원단체 등 7개 민간단체에 그의 소장품 90박스를 기증했습니다. 그리고 그가 1950년대부터 수집·보관해 온 서적, 역사적 서류, 사진, 예술품 등을 일일이 분류하고 추려 총 682점을 박물관과 도서관에 영구 기증했습니다.

아버지 김순현 선생과 김정원 박사가 수집하고 간직해 온 한국전쟁 기간 동안의 한국인의 삶을 기록한 사료 및 영문 서적 349점은 전쟁기념관에 기증했습니다. 국회도서관, 국립외교원 도서관, 국립중앙도서관에 평생 모으고 간직해 온 한국학 희귀서와 국제정치학 관련 영문 도서 113권을 보냈습니다. 한국 근현대사 유물을 집대성하는 대한민국역사박물관에는 한국학 영문 도서, 사진, 사료 106점을 보냈습니다. 여기에는 한국인 최초로 그가 이뤄 낸 행적들이 고스란히 녹아들어 있습니다. 이외에도 대통령기록관에 김영삼, 김대중 대통령 관련 사료 42점을 기증했으며, 용산역사박물관에 주한미군 관련 사료 72점을 기증했습니다.

김 박사는 생전에 자서전을 펴내고자 준비해 왔습니다. 추모사업회는 그의 서재 곳곳에 남겨진 원고와 메모를 엮어 그의 인생 이야기를 출판하기로 했습니다. 한국과 미국, 양국에서 주로 펼쳐진 그의 인생 여정을 반추한 이 책은 한글판과 영문판으로 제작됐습니다. 자료를 찾고 고증하는 과정에서 미국에 있는 김 박사님의 가족들이 큰 도움을 주셨습니다. 특히, 김 박사님의 따님인 엘리자베스 김 매니언 여사님, 아우 김창원 박사님, 김세원 박사님, 김광원 회장님께 깊은 감사를 드립니다. 무엇보다 에이징커뮤니케이션센터가 없었다면 이 책은 세상에 나오지 못했을 것입니다. 그 혜안과 노력에 진심 어린 감사를 전합니다. 아울러 졸고를 기꺼이 출판해 주신 한림출판사 임상백 대표님께 감사드리며 책이 나오기까지 도움을 주신 임송희 상무님, 이혜희 부장님, 함민지 과장님 이하 전

직원들에게도 고마움을 표하고 싶습니다.

사람은 누구나 씨앗 한 주먹을 품고 세상으로 나오는 것 같습니다. 그 씨앗 가운데 어떤 씨앗을 싹 틔우고 정성을 기울이느냐에 따라 저마다의 모습과 향기를 지닌 인생의 숲이 만들어집니다. 이 책을 통해 김정원 박사와 그 가족들이 걸어온 삶의 여정을 함께 따라가면서 여러분의 씨앗을, 여러분의 숲을 들여다보시기 바랍니다. 부디 이 책이 여러분의 숲에 맑은 향과 따뜻한 빛을 더해 주기를 고대합니다.

2025년 1월 25일

김정원 박사 추모사업회

나의 친구를 기억하며

1949년 봄, 김정원 박사와 나는 경기중학교 신입생으로 처음 만났다. 그러나 2학년에 진급한 지 몇 달 되지 않아 한국전쟁이 발발해 각자 뿔뿔이 흩어졌다. 환도해 고등학교를 졸업한 다음에는 미국 유학을 가느라 또다시 헤어지게 됐다. 김 박사는 50대가 돼서야 귀국했으므로 젊은 시절에는 만날 기회가 거의 없었다. 70대에 들어 경기고 동기생 10여 명이 꾸린 '5.1회 모임'의 회원이 된 후로는 한 달에 한 번씩 10여 년간 꾸준히 만났다. 인생 말년에 도타운 우정을 쌓는 가까운 친구가 된 것이다.

그렇게 알게 된 김정원 박사는 예상과는 달랐다. 누구보다도 매사에 신중하고 겸손했으며, 앞에 나서기 보다는 뒤에서 경청하는 편이었다. 중·고등학교 시절 전국 웅변대회를 석권해 '7대 대통령(초대 대통령 이승만 시절)'이라는 별명까지 붙었던 화려한 언변의 그 김정원과 같은 사람인지 의심케 할 정도였다. 2023년 1월, 김정원 박사는 86세를 일기로 조용히 생을 마쳤다.

얼마 전, 김정원 박사 추모사업회에서 김 박사가 생전에 준비했던 자료를 모아 책을 만든다고 원고를 보내왔다. 간결하게 정리된 원고는 너무나 흥미진진해서 단숨에 읽어 내려갔다. 그는 일단 결정하면 그 목표를 향해 계속 전진했고, 어떠한 어려움이 있어도 굴하지 않고 고비마다 남다른 아이디어를 내어 해결하곤 했다.

그 대표적인 사례가 하버드대학Harvard University 학위를 따기까지 들인 김정원 박사의 노력이다. 하버드를 목표로 정한 후 경기고등학교를 졸업하고 하버드대학이 아닌 미국 최고의 명문 고교인 필립스 엑서터 아카데미Phillips Exeter Academy를 택한 것부터 남다르다. 그리고 1년 반 후 장학금을 받고 하버드대에 입학하는 놀라운 성과를 거뒀다. 2학년에 올라가면서 일어난 교통사고로 더 이상 하버드대에서 수학할 수 없게 됐지만 김박사는 포기하지 않았다. 우선 컬럼비아대학Columbia University에 다니며 학사를 마치고 존스홉킨스대학Johns Hopkins University에서 정치학 석·박사 학위를 취득한 후 다시 하버드로 돌아와 로스쿨에 입학해 결국 법학 박사 학위를 획득했다. 1955~1973년까지 무려 18년이라는 세월이 흐른 뒤 끝내 하버드대학에서 학위를 받은 것이다. 자신과의 싸움에서 거둔 승리의 기쁨을 만끽했을 것이다. 우리처럼 알만한 위치에 있는 사람들조차 이런 사실을 전혀 알지 못했다.

하버드 일화 못지않게 놀라운 사실은 가장 어려운 시절에 김정원 박사를 남편으로 맞아 수십 년간 정신적·경제적으로 지원해 준 그의 동반자 캐롤린의 숨은 공적이다. 집안의 반대에도 불구하고 자동차 사고로 인해 곤란의 구덩이에 빠진 한 외국 청년을 있는 힘을 다해 지원해 준 미국 여인이 김정원 박사의 부인이었다는 사실을 이번에야 알게 됐다. 진정한 사랑이 무엇인지 실제로 배우게 됐다.

학자로서 또한 정치인으로서 김정원 박사가 남긴 업적은 결코 적지 않다. 정치 운이 조금만 더 따라 줬으면 김 박사와 그의 업적이 보다 더 널리 알려졌을 텐데 하는 아쉬움이 있었다. 다행히 김정원 박사 추모사업회가 나서서 『그토록 이루고 싶은 꿈』을 발간하게 됐다니 이런 아쉬움을 씻는 기회가 될 것이라 믿는다. 진심으로 축하와 감사의 인사를 전한다.

이봉서

전 상공부·동력자원부 장관

단암산업 회장

이 시대의 진정한 젠틀맨

김정원 박사는 제가 학창 시절부터 각별히 존경해 온 경기중·고등학교의 선배로 일찍이 제 인생의 롤 모델로 자리매김한 인물입니다. 제가 중학교 3학년이던 1957년 7월 29일 『동아일보』에 김 선배님 관련 기사가 실렸습니다. 바로 미국 유력 일간지 『보스턴 글로브』의 「한국은 도둑의 소굴」이라는 기사에 정면으로 반박한 선배님의 의기에 관한 글이었습니다. 저도 많은 한국인들과 함께 분기탱천했고, 한편으로는 크게 감명을 받았습니다.

당시 『동아일보』는 김 선배님의 반박문이 『보스턴 글로브』에 게재된 경위와 반박문 전문을 실었습니다. 그 후 국내 신문들이 이를 앞다투어 다뤘고, 이승만 대통령이 이 사실을 알고서는 얼마 후 양유찬 주미대사와 임병직 유엔대사가 격려 전화를 한 데 이어 양유찬 대사는 방학을 이용해 꼭 한번 워싱턴을 방문해 달라고 당부하기도 했습니다.

그러나 호사다마랄까, 김 선배님은 워싱턴에 가던 중 교통사고를 당해 한국의 각 언론들도 '하버드 대학생 김정원 생명 위독'이란 안타까운 비보를 알렸습니다. 다행히 일주일 만에 의식을 회복했고, 이 사고로 후일 그의 부인이 된 캐롤린을 만나게 돼 전화위복을 맞습니다.

1970년 8월 김 선배님은 고려대 아시아문제연구소가 주최한 통일문제 국제 심포지엄에 참석하기 위해 한국을 방문했습니다. 선배님은 저에게 전혀 예상치 못했던 특종기사 보도의 기회를 주셨습니다. 당시 저명한 정치학자였던 컬럼비아대학 즈비그뉴 브레진스키Zbigniew Brzezinski 교수가 김 선배님과 함께 내한했는데, 연구차 서울 근교 현장을 방문하고 싶다고 해 두 사람을 안양 지역으로 안내한 일도 있었습니다. 브레진스키 교수는 후일 미국 백악관 외교안보 특보로 발탁돼 국제정치의 흐름에 적지 않은 영향을 준 인물입니다.

제가 김 선배님의 성품을 다시금 확인하고 새삼 감복

한 것은 1993년 3월 6일 자 『조선일보』에 보도된 「김정원 안기부차장 '국적' 논란」 기사에 대한 것이었습니다. 선배님은 당시 중대 오보로 인한 인사문제 피해 당사자였음에도 불구하고 이 사건에 맞서 누구도 범접하기 어려운 신사도紳士道로 대응했습니다.

그 후 말썽을 일으킨 문제의 K 기자는 다른 신문사로 옮겨 갔으며, 오보 사실로 김정원 박사에게 빚을 지게 된 방우영 회장은 김정원 박사에게 언제든지 필요한 때, 원하는 대로 글을 쓰도록 요청하고 배려했다고 합니다.

그 후에도 김 선배님과의 인연은 계속 이어졌습니다. 2017년 선배님은 제가 창립 회원으로 참여한 '용산을 사랑하는 모임'에 창립 고문으로 함께했습니다. 서울의 정중앙에 위치한 용산에는 주한미군 사령부와 미군기지가 있었습니다. 그래서 용산은 한미동맹을 상징하는 곳이기도 합니다. 선배님은 오랫동안 주한미군 자문위원으로 활동했으며 유엔군의 고마움을 잊어서는 안된다고 늘 강조했습니다. 그리고 '한국전쟁 당시 50여 유엔 회원국 중 16개국이 군대를 파견해 주었고, 여기에 병원선 등 의료진 참가국을 포함하면 사실상 20개국 이상이 참전한, 기록적인 지원을 받은 것'이라고 그 의미를 적극적으로 평가했습니다.

이 책을 통해 김 선배님의 또 다른 면모를 알게 되고, 선배님과 함께했던 시절을 돌아보며 추억할 수 있게 돼 기쁩니다. 독자 분들도 누군가의 롤 모델이었던 김정원 박사의 인생 여정을 읽어 내려가면서 단순히 어느 개인의 삶을 들여다보는 것이 아닌 그가 살았던 시대와 현재 그리고 미래를 그려 보며 자신의 삶을 돌아보는 계기가 되기를 바랍니다.

김덕형

전 조선일보 논설위원

『한국의 명가』 저자

영화보다 더 영화 같은

제게는 김정원 박사님과 함께한 잊을 수 없는 추억이 있습니다. 김 박사님과 저는 2020년부터 3년 동안 한 달에 한 번 정기적인 런치 미팅을 가졌습니다. 우리는 환한 레스토랑 2층 창가에 앉아 소박하게 아보카도 샐러드를 시켜 놓고 정치, 법률, 경제, 사회, 문화, 역사에 이르기까지 실로 다양한 주제에 관해 토론했습니다. 두 사람이 살아온 경험과 김 박사님의 해박한 지식이 어우러져 때로는 진지하고 때로는 감동적인 이야기가 흘러넘쳤습니다. 도저히 결론이 날 것 같지 않은 문제들도 서로의 의견을 존중하며 대화하다 보면 어느 덧 해답을 찾게 되고 눈 깜짝할 사이에 한두 시간이 흘렀습니다. 우리는 다음 달에 또 다시 만날 기대를 안고 헤어지곤 했습니다.

대화 속 등장인물들은 늘 흥미진진했습니다. 가장 기억에 남는 사람은 에블린 맥큔Evelyn McCune 여사입니다. 맥큔 여사는 연세대학의 전신인 연희전문학교의 초대 이과대 학장이었던 선교사 아서 베커Arthur Lynn Becker의 딸로 평양에서 태어났으며, 한국어의 영어 표기법인 맥큔-라이샤워 표기법을 창안한 조지 맥큔George M. McCune 교수의 아내였습니다. 여사는 하와이의 어느 학회에 참석한 젊은 김 박사에게 먼저 다가와 "한국이 세계에 더 많이 알려져야 한다"며 더 노력해야 한다고 당부했습니다.

이때부터 형성된 '한국을 알려야 한다'는 애틋한 사명감은 그로 하여금 한국과 관련된 책, 논문, 칼럼을 쓰게 했습니다. 한국국제교류재단 이사장이 됐을 때는 전 세계의 대학과 박물관을 누비며 한국의 이미지를 긍정적으로 만드는 역할을 열정적으로 수행했습니다. 김 박사님은 지리적으로 작고 열강에 둘러싸여 있는 한국이 살아남기 위해서는 우리의 문화와 역사를 세계인들에게 알리고, 친구를 만들어야 한다고 했습니다. 동맹을 넘어 진정한 친구가 되면 한국이 어떤 어려움에 처했을 때 이들이 한국을 지지하고 지원해 주는 든든한 울타리가 돼 줄 것이라고 힘주어 말했습니다.

이 책은 하버드대학 교정에서 꿈을 키웠던 젊은 청년이 예상치 못한 고난을 만나지만 자신만의 방식으로 극복하고 성취하며 삶을 완성해 나가는 이야기를 담고 있습니다. 김 박사님의 드라마틱한 인생 못지않게 아버지 김순현 선생과 할아버지 김종숙 선생의 삶도 깊은 울림을 줍니다.

마지막 장까지 읽고 난 뒤 저는 '아, 김 박사님은 영화보다 더 영화 같은 삶을 사셨구나' 하는 생각을 했습니다. 이순신 장군의 『난중일기』가 수백 년이 흐른 지금도 우리들의 손에 들려 있는 것처럼 이 책도 오랫동안 유익한 책으로 남을 것입니다.

저는 지금도 여러 가지 일로 마음이 복잡할 때 김 박사님과의 런치 미팅을 떠올립니다. 현명한 조언, 따뜻한 배려, 온화한 미소... 김 박사님! 부디 저 높은 천국에서 편히 쉬시고, 한반도의 미래를 햇살처럼 지켜봐 주십시오.

김성수

변호사

김정원 박사 추모사업회 회장

별처럼 빛나는 순수한 삶

제가 몸담고 있는 에이징커뮤니케이션센터(이하 에커센터)는 최근 '레거시legacy 프로젝트'라는 새로운 시도를 하고 있습니다. 나이든 사람의 소통을 오랫동안 연구하다 보니 우리의 삶은 자서전이나 회고록 등 단순히 지나온 길을 기록하는 것만으로는 충분하지 않다는 깨달음을 얻게 되었습니다. 그래서 이렇게 질문해 보았습니다.

"당신은 무엇을 남기고, 어떻게 기억되길 원하십니까?"

레거시 프로젝트는 이 질문에 답하는 과정을 통해, 한 사람, 한 가족의 삶을 깊이 들여다보고, 그 안에 담긴 소중한 가치를 찾아냅니다. 그 과정에서 빛나는 추억을 담은 소장품을 선별해 박물관과 도서관에 기증함으로써 개인의 삶이 우리의 문화유산으로 영원히 남을 수 있도록 합니다. 이렇게 남겨진 기록은 다시 책이 되고, 전시회가 되고, 음악회가 돼 세상에 공유됩니다. 이로 인해 발생하는 수익은 그분이 돕고 싶은 학교나 병원, 장애인 단체 등에 전달해 사회를 위해 사용되도록 합니다. 한 사람의 이야기는, 한 가족의 이야기는 이렇게 세상을 더 좋은 곳으로 바꾸는 원동력이 됩니다.

에커센터 레거시 프로젝트의 첫 번째 주인공은 청산리 전투의 영웅인 독립운동가 홍충희 지사님과 그의 막내 따님이었습니다. 그 다음 주인공이 바로 김정원 박사님입니다. 김 박사님께서 살아생전 기록의 중요성을 깊이 이해하고 많은 기록을 남기셨기에 이 책이 탄생할 수 있었습니다.

김 박사님의 이야기는 한국 현대사 그 자체입니다. 김 박사님은 일제 강점기와 대한민국 정부 수립, 한국전쟁을 겪었고, 미국에서 교수와 변호사로 활동하면서 '한강의 기적'을 도왔으며, 조국의 민주화를 위해 헌신하셨습니다. 이 책에는 그 과정에서 길고 짧은 인연을 맺게 된 다섯 명의 대통령이 조연으로 등장합니다. 김 박사님이 기증한 682점의 소중한 사료들은 국내 여러 공공기관에 영원히 남게 됐으며, 이 책의 판매 수익은 장학금으로, 또 한국의 친구가 되고 싶은 사람들을 위해 사용될 것입니다.

우리는 이 책을 통해 삶이 끝난 다음에도 우리의 마음과 가치를 어떻게 남기고 소통할 수 있는지 배웠습니다. 기억되고 싶다면 삶의 이야기를 남겨야 합니다. 우리의 이야기가 이 세상을 더 아름답고 더 나은 곳으로 만들 수 있습니다. 이제 역사는 그를 국제정치학자, 변호사, 외교관, 작가뿐만 아니라 '자선가'로 기록할 것입니다. 여러분은 박물관에서, 도서관에서, 학교에서 그가 곳곳에 남긴 아름다운 씨앗들을 만나게 될 것입니다.

에커센터는 레거시 프로젝트를 통해 별처럼 빛나는 그의 순수한 삶과 아름다운 가족을 만났고, 이 가족들이 앞으로 얼마나 더 멋진 이야기를 만들어 나갈지 기대하고 있습니다. 김 박사님이 불과 300달러를 가지고 흙먼지 날리는 여의도 공항에서 유학을 떠나며 외쳤던 것처럼, 우리도 우리의 인생을 위해 '파이팅!'을 외쳐 봅시다.

별은 언제나 그 자리에 있지만 밤이 돼야만 우리 눈에

보이는 것처럼, 삶은 어쩌면 그 삶이 끝나고 난 다음 더 선명한 의미를 지니게 되는 것이 아닐까요. 독자 여러분이 앞으로 기록할 따뜻한 이야기를, 지금도 어딘가에서 빛나고 있을 여러분의 별을 응원합니다.

홍명신

에이징커뮤니케이션센터 대표

한양사이버대 실버산업학과 겸임교수

아버지에게 드리는 편지

아버지의 딸로 살아온 것은 제게 커다란 특권이자 도전이었습니다. 아버지는 언제나 대한민국에 헌신하고자 했고 명예로운 삶을 사셨습니다.

아버지가 스스로 세운 삶의 기준은 너무나 높아서 그 기준을 직접 행하며 사신 당신조차도 힘드셨으리라 생각하는데 저 또한 그걸 따라가는 것이 늘 어려웠습니다. 아버지께서 제게 영감을 주셨던 목표들을 이루고 싶었지만, 결국 저는 제 길을 갈 수밖에 없었습니다. 아버지는 탁월한 리더십이 있었고 다른 사람들의 성공을 독려하는 데 남다른 재능이 있었지만 저의 재능은 사람들을 조용히 돌보며 경청하고 부드럽게 이끌어 주는 것이었습니다. 비록 우리의 타고난 재능은 달랐지만 더 나은 세상을 만들고자

하는 목표는 같았습니다. 시간이 지나면서 아버지께서도 저를 더 잘 이해해 주셨다고 믿습니다.

젊은 시절 아버지는 너무 많은 목표를 이루려고 달리느라 여유를 즐기지 못하셨지만, 나이가 들면서 우리는 자주 만나 함께 멋진 식사를 하고 당신께서 가장 좋아하는 주제에 대해 이야기를 나눴습니다. 아버지는 손주들이 꿈을 좇는 모습을 응원하며 그들의 성취를 함께 기뻐하셨습니다. 또 손주들을 아이스크림 가게에 데려가는 것을 참 좋아하셨는데 그 순간들은 아이들의 기억 속에 소중한 추억으로 남아 있습니다. 우리 가족은 하와이에서 함께했던 수많은 만남을 특별하게 기억할 것입니다.

한국의 전통의상인 한복은 우리 가족에게 아주 특별한 의미를 지니고 있습니다. 한복은 오랫동안 아버지의 조국인 한국과 저를 이어 주는 다리 역할을 했습니다. 첫 증손녀가 태어났을 때, 아버지는 한국에서 한복을 정성껏 골라 미국으로 보내 주셨습니다. 덕분에 수인Naomi은 아름다운 한복을 입고 돌잔치를 치렀습니다. 2022년 여름에 제가 서울을 방문했을 때는 저를 유서 깊은 전통시장에 데려가 증손녀들을 위해 여러 사이즈의 한복을 사 주셨습니다. 아이들이 성장하면서도 이 소중한 선물을 입고 전통을 이어 가길 바라셨던 것이겠죠. 매년 새해가 되면 증손녀들은 그 한복을 차려입고 당신을 기리며 가족과 문화의 의미를 되새기고 있습니다.

우리의 마지막 만남에서 아버지는 증손녀인 수인, 서인Ayla과 함께 즐겁게 놀아 주셨고, 맏손자이자 아버지의 이름을 물려받은 알렉스Alex에게 지혜로운 말씀을 전해 주셨습니다. 아버지께서 돌아가신 지 9개월 후에 증손자 리암Liam이 태어났습니다. 저는 리암을 통해 아버지의 환한 미소와 긍정적인 삶의 태도를 보고 있습니다.

인생은 짧습니다. 아직도 아버지께 하고 싶은 말이 너무나 많습니다. 저는 날마다 아버지가 그립습니다. 여전히 매주 일요일 저녁마다 아버지와의 통화를 기다리지만 이제는 전화벨이 울리지 않습니다.

아버지, 부디 평안히 쉬세요. 당신의 삶은 참으로 멋진 삶이었습니다.

사랑을 담아,

엘리자베스 미리 올림

Contents

Part 2 미지의 세계에서 펼치는 열정의 날개
1954~1957

Part 3 인생의 나침반이 되어 준 소중한 인연
1958~1970

Part 4 한국과 세계를 잇는 학자이자 변호사
1968~1986

Part 5 지식의 문을 넘어 정의를 향해 나아가기
1987~2017

Part 6 삶의 끝자락에 돌아보는 나의 가족 2014~2023

Part 1

A Youth Full of Challenges and Dreams

도전과 꿈으로
가득했던 나의 청춘

1936~1953

두 개의 이름을 가진 소년

내 기억 속에 남아 있는 어린 시절은 초등학생 때부터다. 교동국민학교(현 초등학교)에 입학할 때는 광복 전이었다. 그래서 매일 아침 학교에서 요구하는 지침에 따라 신사 참배를 하지 않을 수 없었다. 학교 마당에 돌로 된 일왕의 상징물이 있었는데 학교에 가면 매일 아침 거기에 절을 해야 했다. 한국의 아들로 태어난 떳떳한 시민이었지만 한국인 행세를 할 수 없었다. 일본의 정책에 의해 일왕을 모시고 매일 아침 억지로 일본 국가인 '기미가요'를 부르며 기계적으로 일본을 찬양하는 말들을 외우고 따라 해야만 했다.

왼쪽부터 누이 김성희, 어머니 김인초, 김정원, 아버지 김순현

1945년 창신국민학교 학예회 모습. 앞줄 왼쪽에서 다섯 번째가 김정원

일제 치하에서 1년 반 동안 학교를 다니면서 일본에 충성하라는 교육을 끈질기게 받았다. 무엇이든 열심히 했던 나는 교동국민학교를 다닐 때 우등생 상장을 받고 반장도 했다. 반장으로서 아이들을 한 줄로 세워 일본 노래를 부르며 큰길까지 내려와 헤어졌다. 제2차 세계대전 말미에 할아버지 댁으로 피란 갔을 때 다녔던 장흥국민학교에서는 일주일에 한두 번씩 일제의 강제노동에 동원됐다. 마을 뒷산에 올라가 고사리손으로 몇 시간씩 군수물품에 쓸 나무뿌리를 채취했다.

그러다가 집으로 돌아오면 부모님과 할아버지는 일본으로부터 반드시 독립을 해야 한다고 말씀하셨다. 완전히 상반된 두 가지 정보가 지속적으로 주입됐다. 이뿐만 아니라 이름도 두 개였다. **집에서는 김정원, 학교에 가면 가네오카 세이겐으로 불렸다.** 어린 마음이었지만 두 가지 교육 가운데 진심이 담긴 아버지와 할아버지의 가르침에 공감하지 않을 수 없었다. 광복이 되자 집에서 가까운 창신국민학교로 옮겼다.

스포츠로 시작된 도전과 열정의 첫걸음

1945년 8월 15일부터 정부 수립이 될 때까지 3년 동안 서울은 정치 시위로 하루도 조용한 날이 없었다. 해방, 미군정, 대한민국 건국이 일어난 격동의 시기였다. 수업을 마치고 집으로 갈 때 학교 운동장에서 정치인들이 연설하는 것을 자주 볼 수 있었다. 라디오에서도 정치 연설이 인기 있는 프로그램이었다. 나는 아버지께 '저분들은 왜 저렇게 열심히 연설을 하는지' 물었다. 그럴 때면 아버지는 '저분들은 나라를 세울 때 어떻게 하면 더 훌륭한 나라를 만들 수 있는지 자신의 의견을 말하는 것'이라고 설명해 주셨다. 1948년 역사상 처음으로 국회의원 총선

경 축
대한민국 주권하에 남북을 통일하자
INTEGRATE NORTH KOREA INTO THE REPUBLIC OF KOREA

1945년 서울

거가 실시됐을 때 나는 남다른 감동을 받았다. 연단에 선 사람이 구름 같이 모여든 청중 앞에서 우렁찬 목소리로 연설하는 모습은 그야말로 압도적이었다. 동대문과 종로 거리를 다니면서 그 현장을 또렷하게 목격했다. 그때 앞으로 인생을 어떻게 살아가야 할지 스스로 몇 가지 원칙을 세웠다.

- 모든 일에 적극적으로 임하자.

- 지식을 연마하자.

- 애국심을 잃지 말자.

적극적인 사람이 되고자 선택한 것이 스포츠였다. 스포츠는 성장기 학생의 체력, 정신력, 리더십을 기르는 데 꼭 필요하다. 심신을 단련하고 규칙을 지키는 훈련을 하는 데 스포츠만 한 것이 없다. 그중에서 축구를 가장 좋아했는데 축구는 어린 시절의 나에게 빼놓을 수 없는 일과였다. 나는 어두워질 때까지, 발이 부르틀 때까지 달렸다. 다른 학교 축구팀과 축구 대항전도 했다. 제대로 된 축구

화가 없어 부상이 잦았지만 하루하루 축구 실력이 느는 것이 뿌듯하고 좋았다. **스포츠는 내게 어려움을 이기고 극복하는 힘을 길러 줬다.**

어느 날 경복고등학교를 다니던 외사촌 형이 노르웨이산 스케이트를 선물했다. 당시 동대문 경마장 옆에 연못이 있었는데 겨울이 되면 그 연못이 얼어 자연스럽게 스케이트장이 만들어졌고 나는 거기서 형이 준 스케이트를 탔다. 선수가 되기 위해 쉼 없이 하체 운동을 했고, 틈만 나면 달렸다. 덕분에 이듬해에는 누구와도 겨룰 수 있는 실력을 갖추게 됐다.

1949년 중학교에 입학하자마자 축구부, 송구(핸드볼)부, 빙상부 선수가 됐다. 송구부는 1학년 때부터 매일 방과 후 훈련을 했다. 겨울이 되면 빙상에 집중했는데 선배들의 지시에 따라 더운 여름에도 학교 모래 운동장에서 스케이트를 타는 것처럼 연습하고, 달리기와 스트레칭을 하면서 체력을 길렀다. 학교 뒷산을 오르내리면서 체력 단련에도 힘썼다. 여름에 빙상 훈련을 하는 것은 말할 수 없이 힘든 일이었지만 묵묵히 견뎌 냈다.

京畿

경기고 축구부 단원들과 함께.
윗줄 왼쪽에서 네 번째가 김정원

한국전쟁이 일어나면서 2년간 모든 것이 중단됐다. 피란을 다녀온 뒤 다시 송구 선수, 스피드스케이팅 선수로 활동하게 됐다. 당시 한국에서 빙상은 새로운 스포츠이자 낯선 운동이었다. 나는 1956년 이탈리아 코르티나 담페초에서 열리는 동계올림픽의 스피드스케이팅 한국 대표로 출전하기 위해 훈련을 이어 갔다. 당시에는 스케이트를 타는 사람이 거의 없었고 선수층이 빈약했다. 나는 전국빙상대회에서 2위로 입상해 동계올림픽 국가대표 선수로 선발됐다. 나도 국가대표 훈련에 참가했으나 유학의 꿈이 커지면서 올림픽 출전 희망을 접어야 했다. 그러나 빙상 스포츠에 대한 애정은 계속 마음에 남았다. 그래서 2018년 대한민국 평창에서 열린 동계올림픽을 지켜보는 감회가 남다를 수밖에 없었다. 전쟁 직후의 대한민국, 스케이트장이 없어 운동장 달리기를 하면서 스피드스케이팅을 연습했던 과거의 나와 그때 그 선수들을 기억 속에서 다시 만날 수 있었다.

두 번째 원칙인 지식을 연마하기 위해 학업에도 매진했다. 나는 1949년에 중학교에 입학했다. 초등학교 때부

동대문에서 스피드스케이팅을 연습하는 모습
ⓒ 전쟁기념관

터 경기중학교를 염두에 두고 공부했기 때문에 입학하는 데 어려움은 없었다. 경기중학교•는 대한제국 시절인 1899년에 개교했다. 일제 강점기에는 재학생들이 독립운동에 참가하기도 했으며 1940년대에는 한국 최고의 명문학교로 자리 잡았다. 입시 경쟁의 지나친 과열로 1969년 중학교 무시험 진학 제도가 실시되고 1970년 고교평준화 정책이 도입됐다. 1950~1960년대에는 전국의 인재들이 그곳으로 몰려들었는데 **나는 거기서 일생의 죽마고우들을 만났다. 그리고 지식에 대한 나의 열정은 그 후로도 계속됐다.**

마지막 원칙인 애국심을 기르고 표현하기 위해 선택한 것은 웅변이었다. 처음 웅변대회에 나간 것이 초등학교 6학년 때로 그렇게 시작한 웅변대회 참가는 무려 열두 번이나 이어졌고 고등학교를 졸업할 때는 '학생 웅변계의 일인자'라는 별명까지 얻었다. 중학교에 올라가면서 독서량을 늘리고 세계 위인들의 연설집을 구해 탐독했다. 명사들의 강연도 빼놓지 않고 참석했다. 주로 등하굣길에 웅변 연습을 했고, 아침에는 남산에 올라 소나무 아래서 발성 연습을 했다. 새벽에 자다가 벌떡 일어나 큰 소리로 책상을 두드리며 웅변 연습을 하는 바람에 가족을 놀라게 한 적도 한두 번이 아니다.

• 1899년 고종의 칙령으로 설립된 관립학교로 여러 번의 개칭 끝에 1938년 경기중학교라는 교명을 얻었다. 5년제 중고교 통합과정으로 운영되던 경기중학교는 해방 이후 학제 개편으로 경기중학교와 경기고등학교로 분리됐고 뒤에 경기중학교는 폐교되고 경기고가 그 전통을 이어 갔다. 입학시험을 치러야 했던 당시 경기중고교는 현재의 서울대만큼이나 들어가기 힘든 최고의 명문 학교였다. 종로구 화동에 있던 경기고는 정부의 도심 인구 분산 정책에 따라 1970년대 중반 강남구 삼성동으로 이전했다. 한편, 최고의 명문교 출신이라는 자부심을 가지고 있던 선배들은 고등학교 평준화 정책이 실시돼 소위 무시험 '뺑뺑이'로 후배들이 입학하자 동문회를 분리 개최하는 해프닝까지 벌였으나 시간이 흐르면서 이러한 현상은 사라졌다.

두 번의 피란,
그리고 열혈 웅변가가 되기까지

중학교 2학년 여름, 한국전쟁이 터졌다. 통신사 부사장이었던 아버지는 취재를 위해 먼저 부산으로 떠나셨다. 중앙통신사가 무대를 서울에서 부산으로 옮긴 셈이었다. 그다음 날 어머니와 칠 남매는 걸어서 피란길에 올랐다. 더위와 배고픔에 시달렸다. 길가에 자라고 있던 양배추를 뜯어 먹으며 배를 채웠다. 하지만 계속해서 그렇게 끼니를 해결할 수는 없었다. 우리 가족은 결국 발길을 돌려 서울 집으로 돌아왔다. 전쟁과 동시에 학교는 문을 닫았고, 한치 앞도 알 수 없는 나날에 모두가 불안을 감추지 못했다. 3개월 동안 숨죽이고 살았다. 가정 형편이 어려워졌고, 집의 쌀독도 점점 비어 갔다. 당시에는 냉장고가 보급되지 않아 매일 장을 봐야 했다. 장남으로서 가정경제에 조금이나마 도움이 되고 싶었다. 어린 나이였지만 아버지가 안 계실 때는 장남 역할을 해야 한다는 의무감이 솟구쳤다. 하지만 북한 인공기가 거리에 휘날리고 총을 든 북한 군인이 시내를 누비고 다녔기에 밖을 돌아다닐 수가 없었다. 자식들의 안전을 걱정한 어머니의 말씀에 따라 이 기간 동안에는 집에 틀어박혀 공부만 했다.

온 나라가 굶주림에 허덕였다. 우리도 아버지가 돌아오실 때까지 어떻게 해서든 생계를 이어 나가야 했다. 더 이상 집에만 있을 수 없었다. 이때 시작한 것이 뚝섬 얼음냉차 장사였다. 당시 뚝섬에는 수영장이 있었다. 동대문에서 뚝섬까지 기동차가 다녔는데 전시에도 기동차는 운행했다. 더운 여름이어서 많은 사람이 물놀이를 하러 뚝섬으로 갔다. 나는 동대문에서 얼음을 사서 색소와 설탕을 넣고 얼음냉차를 만들어 팔았다. “얼음냉차, 달고 시원한 얼음냉~차, 얼음냉차 드세요.” 동생 창원과 함께 해질 때까지 노점상을 했다. 목이 아프고 몸은 힘들었지만 저녁 무렵 어머니께 장사해 번 돈을 드릴 때는 뿌듯한 마음이었다. 우리 가족의 생계를 꾸려 나가야 한다는 무거운 책임감은 그것이 공부든 장사든 열심히 하지 않을 수 없도록 나를 이끌었다. 그러던 중 인천상륙작전의 성공으로 1950년 9월 28일 서울이 다시 연합군의 품으로 돌아왔다. 우리는 환호성을 지르며 자유를 만끽했다. 아버지도 서울로 돌아오셨다. 다행히 우리 집은 폭격을 피해 갔고, 가족 모두 다친 사람 없이 건강한 모습으로 재회했다.

그러나 전쟁은 끝나지 않고 계속됐다. 1·4후퇴 때 우리 가족은 다시 헤어졌다. 아버지는 곧바로 기자들과 부산으로 떠나셨고, 나머지 가족들은 외사촌 형의 도움으로 군인 트럭을 타고 피란을 갔다. 덕분에 이불과 약간의 세간살이까지 싣고 갈 수 있었다. 도착지는 대구 삼덕동. 아버지의 친구 집에서 셋방살이를 시작했다.

얼마 후 서울에서 피란 온 학생들을 모아 교육하는 대구연합중학교가 문을 열었다. 군용 텐트에 나무 책상 몇 개가 전부였지만, 하나둘 학생이 모여들었다. 대구와 부산을 떠돌며 피란 생활을 할 때는 천막 피난 학교에 가는 순간이 가장 즐거웠다. 학교생활에 몰두한 덕분에 대구서울피란연합중학교 학생회장과 학도호국단 대대장에 선출됐다. 우리 학교뿐만 아니라 서울에서 온 전체 피란학교의 학생회 일을 맡아보면서 폭넓게 친구를 사귈 수 있었다.

전쟁 중이라 반공정신 함양과 민족 단결을 위한 웅변대회가 열렸다. 나는 교내 웅변대회, 시 웅변대회, 전국학생 웅변대회에 나가 모두 1등을 차지했다. 웅변 주제는 어린 시절 할아버지가 말씀해 주셨던 민족정신, 자주 독립에 관한 내용이었다.

1953년 7월 27일, 정전협정이 체결돼 온 가족이 서울로 돌아왔다. 화동 언덕에 있던 경기고등학교 교사가 미군병원으로 사용되고 있었기 때문에 처음에 환도해서는 광화문 사거리 부근 덕수국민학교 안에 자리 잡았다. 현재 광화문 교보빌딩 건너편에 텐트를 치고 천막학교를 운영했다. 매서운 바람에 손이 얼고 바람이 휘몰아쳤지만, 배움에 대한 열정을 꺾을 수는 없었다. 가족들의 생계를 돕기 위해 신문 배달도 했는데, 이때 같이 신문을 배달한 친

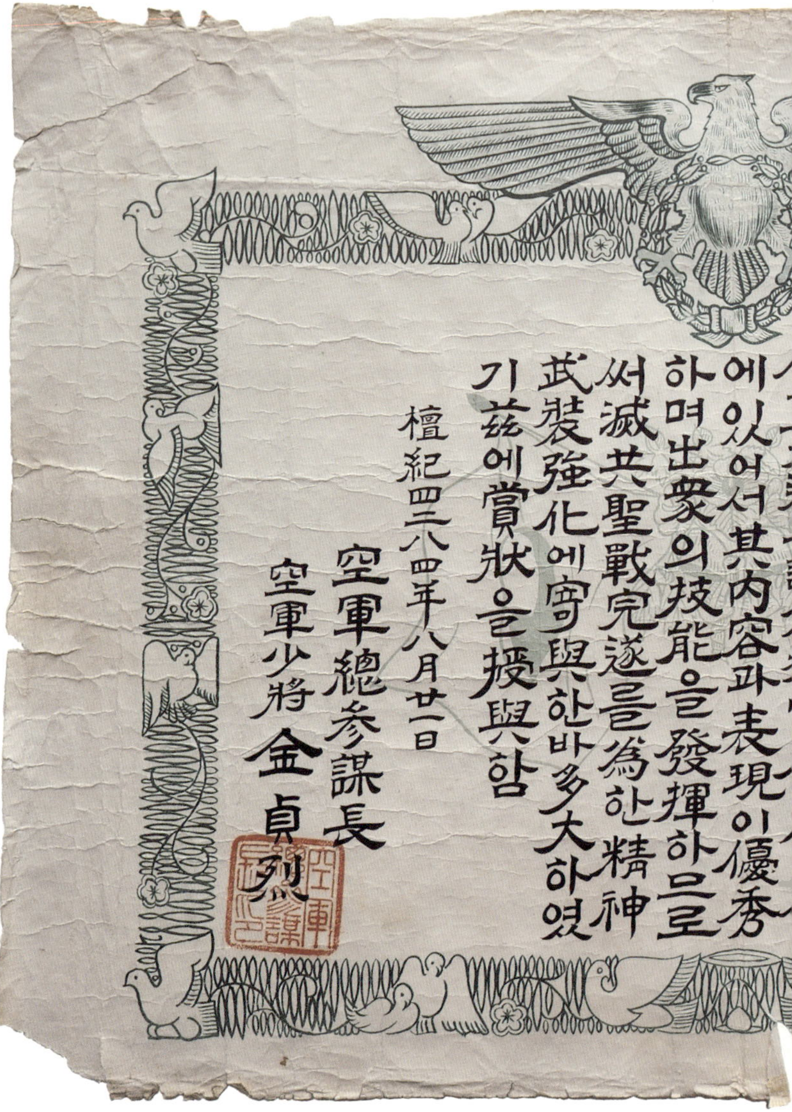
에있어서其内容과表現이優秀
하며出衆의技能을發揮하므로
써滅共聖戰完遂를為한精神
武裝強化에寄與한바多大하였
기兹에賞狀을授與함

檀紀四二八四年八月廿一日

空軍總参謀長

空軍少將 金貞烈

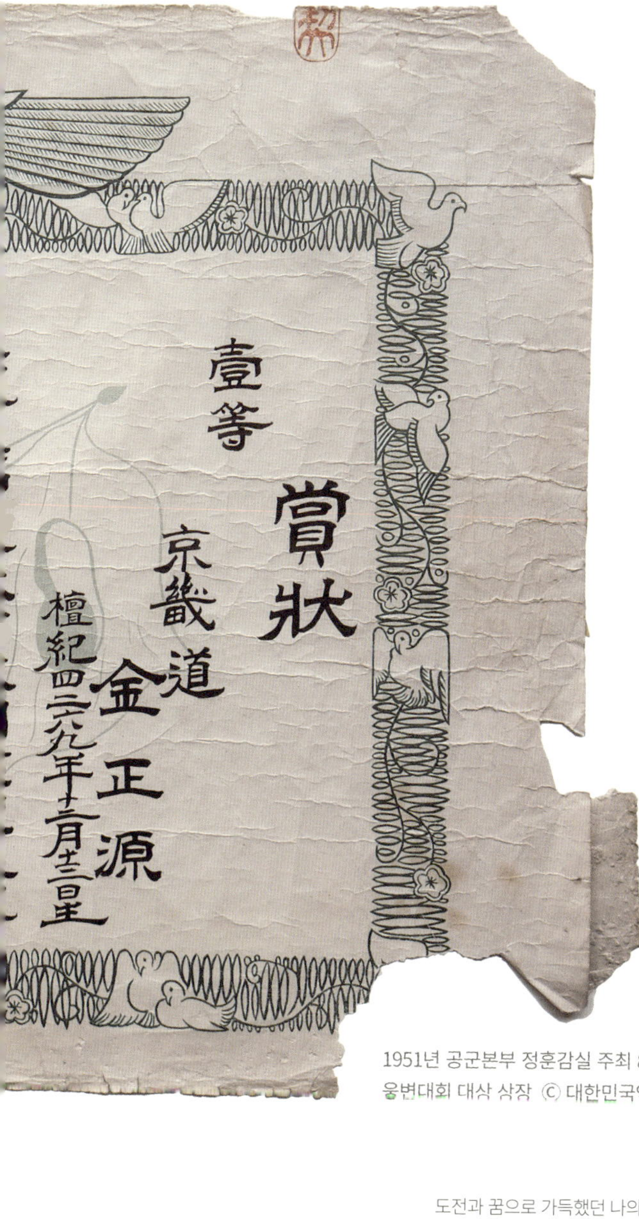

1951년 공군본부 정훈감실 주최 8·15 6주년 기념 현상 웅변대회 대상 상장 ⓒ 대한민국역사박물관

구 중에는 후일 대우그룹의 회장이 된 김우중도 있었다.

웅변대회와 관련해서는 수많은 일화가 있는데 특히 고등학교 때 있었던 일이 잊히지 않는다. 1954년 경기고등학교 3학년 때 명동 시공관에서 열린 웅변대회에 서울시 대표로 참가하게 됐다. 학생들은 사전에 자기가 발표할 원고를 주최 측에 제출하는 것이 관례였다. 그런데 대회가 열리던 날 아침 배달된 『동아일보』에 경기고등학교 교장선생님이 손님 접대비로 수십만 원을 썼다는 내용이 1면에 실려 있었다. 나는 원고를 급히 수정해 교장선생님 사례를 넣었다.

“눈 오는 밤거리에도 가냘픈 동정을 구하는 어린아이 목소리. 아침을 먹고 나면 저녁 걱정이요, 죽 한 그릇을 먹고 나면 내일 아침 끼니를 걱정하면서도 우리는 ‘배워야겠다’, 부모님은 ‘가르쳐야겠다’면서 있는 돈, 없는 돈 다 모아 수업료를 학교에 바쳤으나 교육자들은 하룻밤에 수십만 원을 낭비했다는 기사가 오늘 아침 신문에 여지없이 폭로되고 말았으니 우리가 믿고 배우는 교육자들이 어떻게 이런 일을 할 수 있다는 말입니까?”라면서 단상을 내리쳤다. 청중의 우레와 같은 박수가 시공관을 뒤흔들었다. 열두 번째 마지막 연사로 나선 그 웅변대회에서 1등상을 받았다. 상장을 들고 교장실로 갔더니 엄청난 꾸중이 쏟아졌다. 사전에 제출한 원고대로 연설하지 않고, 교사 허락도 없이 신문기사를 보고 내용을 바꾼 게 문제라고 지적했다. 훈육담당 체육교사는 퇴학시켜야 한다고 길길이 날뛰었고 한바탕 폭풍 같은 비난세례가 이어졌다. 그때 교장선생님이 조용히 말씀하셨다.

"김정원 군, 한 번도 이런 적은 없지 않았나. 웅변대회에 나가 항상 1등을 하며 학교의 명예를 드높였는데, 제출한 원고가 마음에 안 들었으면 좋은 내용으로 말했어야지. 공연히 원고 내용을 바꿔 교육자들을 비난하는 것은 다시 생각해 볼 문제가 아닌가." 교장선생님의 차분한 훈육 덕분에 퇴학 위기를 모면하고 무사히 졸업할 수 있었다. 하마터면 인생의 경로가 완전히 바뀔 뻔한 순간이었다.

학도호국단 대대장직을 맡아 시가행진을 하는 모습.
김정원은 앞줄 왼쪽에 무전기를 들고 앉아 있다. ⓒ 전쟁기념관

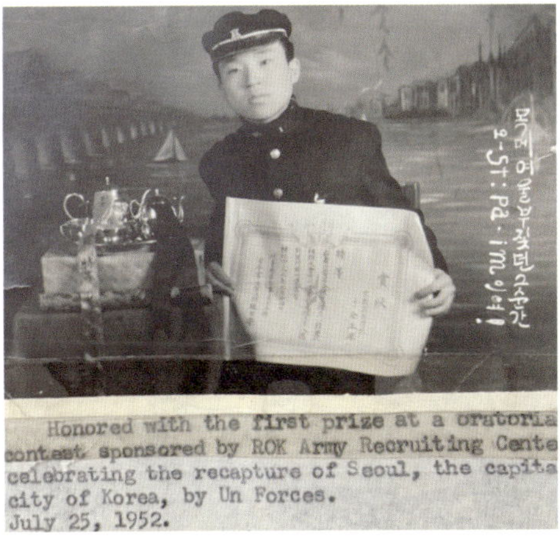

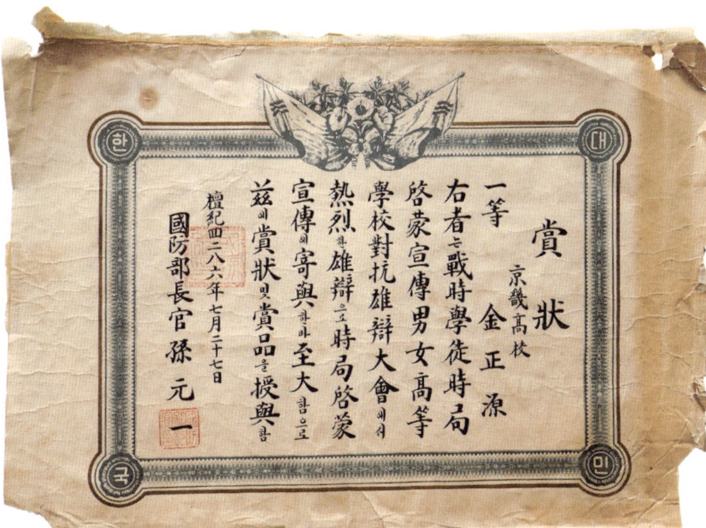
賞狀

京畿高校 金正源

一等

右者는戰時學徒時局啓蒙宣傳男女高等學校對抗雄辯大會에서熱烈한雄辯으로時局啓蒙宣傳에寄與하야至大함으로玆에賞狀및賞品을授與함

檀紀四二八六年七月二十七日

國防部長官 孫元一

1952년 7월 25일 웅변대회 기념사진 (위) ⓒ 전쟁기념관
1953년 7월 27일 전시 학도 시국 계몽 선전 남녀 고등학교 대항 웅변대회 1등상 (아래)
ⓒ 대한민국역사박물관

사돈이 된 김영삼 의원

웅변대회와 관련해 잊히지 않는 또 하나의 일화는 바로 김영삼 의원과의 첫 만남이다. 1954년 전국학생 웅변대회에 서울시 대표로 참가했을 때 나의 웅변 주제는 '우리는 어떻게 민주주의 국가를 성취할 것인가'였다. 당시 김 의원은 26세 최연소의 나이로 국회의원에 당선된 정치계의 떠오르는 스타였다. 그는 장택상 국무총리의 비서 출신으로 서울대를 졸업한 젊고 매력적인 정치 신인이었다.

그와의 첫 만남은 종로의 한 식당에서 이뤄졌다. 김 의원 측에서 만나고 싶다는 연락을 해 왔고, 이에 즐거운 마음으로 응했다. 김 의원은 나의 수상을 축하하면서 열심히 공부해 앞으로 함께 국가를 위해 일해 보자고 제안했다. 기쁘고 가슴 설레던 순간이었다. 10대의 나이에 정치 입문 제안을 받았으니 어찌 가슴 떨리지 않을 수 있었을까. 당시 국회의사당은 광화문 서울신문사 건너편에 있었다. 종로와 광화문은 입법부와 행정부가 모여 있는 정치 1번지였다. 김 의원은 1955년 내가 유학을 떠날 때 비행기 표를 구입해 주고 여의도 공항에 직접 나와 격려해 주기도 했다.

미국에서 공부한 지 6년이 되던 1961년 한국에서 쿠데타가 일어났다. 서울에서 전화가 왔다. 김 의원은 미국으로 가고 싶으나 가택연금을 당해 나갈 수 없다며 공부를 열심히 한 다음 빨리 돌아오기를 기대한다고 말했다. 그 이후 미국을 오가는 인사들로부터 그의 메시지를 전해 들었다. 1964년 김 의원이 미국 워싱턴을 방문했다. 내가 존스홉킨스대 대학원에서 박사과정을 밟고 있을 때였다. 그때 동생 창원을 만난 김 의원은 그를 눈여겨봤다. 서울로 돌아온 김 의원은 막내 여동생을 데리고 명륜동에 있는 우리 집을 방문했다. 미국에 있는 나의 안부를 전하고 여동생을 우리 부모님께 소개했다. 뒤이어 여동생은 다른 국회의원들과 함께 미국을 방문했고 얼마 뒤 동생 창원과 워싱턴의 한 교회에서 결혼식을 올렸다. 이렇게 김 의원과 나는 사돈이 됐다.

조지 W. 롬니 미시건주 주지사의 친필 메시지가 있는 사진.
왼쪽부터 김정원, 조지 W. 롬니 미시건주 주지사, 김영삼 의원
[1964년 미국 워싱턴 D.C.] ⓒ 대한민국역사박물관

유학의 꿈을 싹 틔운
캐나다 종군 기자 빌 보스와의 만남

한국전쟁으로 서울은 폐허가 됐다. 전후 한국에는 기자, 군인 등 외국인이 많아 외국어에 대한 자극을 받기 쉬운 환경이었다. 자연스레 미국 등 선진국에 대해 알게 됐고 좀 더 좋은 환경에서 양질의 교육을 받고 싶어 해외 유학을 꿈꾸기 시작했다. 영어 공부는 고교 1학년 때 본격적으로 시작했다. 새벽 여섯 시에 일어나 도시락 두 개를 싸 들고 을지로의 한 병원에서 있었던 '타임Time'반 수업을 들었다. 고등학생이 해석하기에는 어려운 수준이었지만 3년을 계속 듣다 보니 익숙해졌다. 영어 공부가 끝나면 학교에 가서 꽁꽁 언 도시락을 아침으로 먹었다. 나머지 도시락 하나는 오전 수업을 마치고 점심때 먹었다. 학교 수업 이후에는 양주동 선생의 영어 문법 강습을 받고 집으로 갔다.

당시에는 영어 회화를 집중적으로 가르쳐 주는 곳이 없어 일하면서 배울 수 있는 방법을 물색했다. 다행히 외사촌 형인 오기창이 판문점 회담 때 정훈장교로 참여하면서 외국 언론인들과 교류하게 됐고, 형이 미국 마켓대Marquette University로 유학을 떠나면서 자신과 절친한 박근 선배를 소개해 줬다. 박 선배는 훗날 유엔대사로 한국 다자외교의 새 지평을 연 훌륭한 외교관이 됐는데, 이때 맺은 인연은 박 대사가 돌아가시기 전까지 이어졌다. 박 선배는 자신과 친하게 지내던 캐네디언 프레스The Canadian Press 소속 종군기자 빌 보스Bill Boss를 나와 연결해 줬다.

1950년 한국에 파견된 보스 기자는 이후 CP 지프를 타고 군대와 별도로 여행하면서 한국전쟁의 주요 전투를 취재했다. 전쟁의 빛과 그림자를 소신 있게 보도한 걸출한 언론인이었다. 그는 내자아파트를 숙소 겸 사무실로 쓰고 있었는데 나는 주말마다 그 사무실로 출근했다. '카

빌 보스 기자가 한국전쟁 전장을 누빌 당시의 모습을 촬영한 사진 ⓒ 전쟁기념관

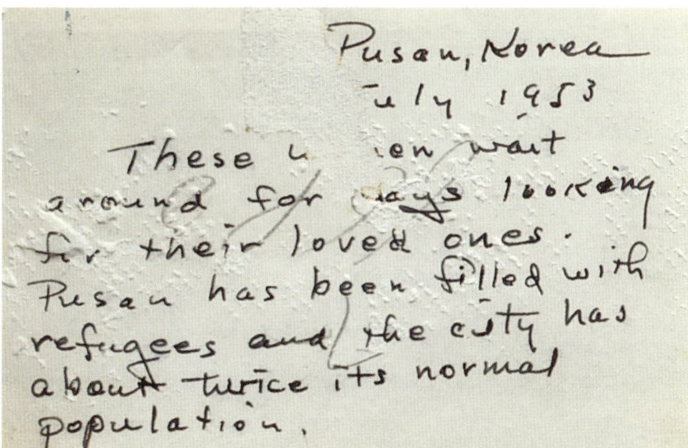

빌 보스 기자가 촬영한 부산 피란민 사진 앞면과 뒷면 [1953년 7월]
ⓒ 대한민국역사박물관

피보이'로 일하면서 다른 외국인과 직접 접촉하고 영어를 익힐 수 있었다. 1954년부터 약 1년간 일했던 것으로 기억한다. 일주일에 열 시간씩 주 3회 일했는데, 학교 수업하랴, 운동하랴 바쁠 때였지만 피곤한 줄 모르고 달려가곤 했다.

미국에 유학을 가고자 마음먹었지만 어느 학교를 가야 할지, 어떤 학교가 좋은지 통 알 수 없었다. 어느 날 보스 기자에게 물었다.

"미국에서 제일 좋은 대학은 어디인가요?"

"여러 대학이 있지만 그래도 하버드대학이 제일 좋지."

보스 기자는 망설이지 않고 대답했다.

"하버드대학은 좋은 대학이지만 그만큼 입학하기도 어렵단다. 미국에서도 필립스 엑서터 아카데미• Phillips Exeter Academy 같은 명문 사립고등학교 출신이 아니면 입학하기가 쉽지 않지. 너는 총명하고 적극적인 성격이니까 지금부터 준비하면 꼭 합격할 거야."

하버드대학... 난생처음 들어 보는 이름이었다. 아는

외국 대학이라고는 일본의 대학 정도밖에 없었다. 다음 날 미국대사관 문화공보원에 찾아가 하버드대학과 관련된 자료를 모으기 시작했다. 또 보스 기자가 언급한 필립스 엑서터 아카데미 자료도 찾았다. 『미국의 사립학교』라는 1,500쪽 가량의 책을 뒤적이면서 이 학교에 관한 자료들을 수집했다. 당초 보스 기자는 캐나다로 유학을 가라고 조언했다. 미국의 필립스 엑서터 아카데미에서 장학금을 받지 못할 경우 학비 부담이 커질 것이라고 걱정하면서 캐나다로 유학을 가면 자신이 도와주겠다고 했다. 참 감사한 제안이었지만 일단 목표로 잡은 하버드대학에 집중하기로 했다.

• 1781년 뉴햄프셔주 엑서터에서 하버드대 출신의 존 필립스(John Phillips) 부부가 설립한 미국 동부의 명문 사립고교다. 미국 최고의 재정 기금을 자랑하는 가장 부유한 기숙학교이며, 세계에서 가장 큰 고등학교 도서관을 보유하고 있다. 85만 평의 부지에 147개의 건물이 있으며 여기에는 26개의 기숙사 외에 미술관, 극장, 아쿠아리움, 천문대, 수영장은 물론 예술 수업을 위한 도자기 가마까지 갖추고 있다. 이른바 논 시비(Non Sibi) 정신을 모토로 삼고 있는데 '자신을 위하기보다는 공동체'의 의무에 기반한 삶을 살라는 정신이 담겨 있다. 1970년대 이전에는 남학생만 공부할 수 있었지만 현재는 남녀공학으로 운영되고 있다.

Part 2

Spreading Wings of Passion in the Unknown

미지의 세계에서 펼치는 열정의 날개

1954~1957

꿈을 향한 도약,
필립스 엑서터 아카데미

고등학교 3학년에 올라가자마자 필립스 엑서터 아카데미에 입학 원서를 제출했다. 그러나 한국에는 나의 입시를 담당할 기관이 없었다. 필립스 엑서터 아카데미는 시험 문제를 백낙준 연세대 총장에게 보냈으니 그를 찾아가 시험을 보라고 연락해 왔다. 백 총장은 당시로서는 드물게 예일대에서 박사 학위를 받은 인물이었다. 한국에 아무런 연결고리가 없었던 필립스 엑서터 아카데미 측에서 백 총장에게 입시 업무를 위임한 것으로 짐작된다. 난생처음 가 본 대학 총장실에 혼자 앉아 시험을 쳤다. 학교를 대리하는 백 총장과 면접도 봤다. 시험은 생각보다 어렵지 않았다. 홀가분한 마음으로 인사를 드리고 총장실을 나왔다.

몇 달 뒤 필립스 엑서터 아카데미에서 편지 한 통이 날아왔다. 명륜동 집으로 도착한 합격증에는 1,500달러의 전액 장학생으로 선발됐으며 등록금, 기숙사비, 식비, 세탁비, 건강보험료까지 모두 학교가 부담한다는 내용이 쓰여 있었다. 필립스 엑서터 아카데미 개교 170여 년 이래 최초로 입학한 한국인이자 전액 장학생이었다. 아버지는 "네가 하고 싶은 대로 하거라"라고 말씀하셨다. 장학금 덕분에 유학의 운명은 캐나다에서 미국으로 기울었다.

전후 한국의 교육 환경이 워낙 열악해 유학을 가는 친구가 꽤 있었다. 경기고등학교 졸업생이 470명 정도였는데 졸업 전후로 250명이 해외 유학을 떠났다. 1950년대 우리나라는 국가 재건이 시급한 상황이었다. 당시 60 대 1 정도의 높은 경쟁률을 보인 국가유학시험에 합격한 학생들의 경우 정부가 학비 환전 혜택을 줬다. 특별한 법적 근거가 있는 건 아니었지만 국가 미래를 위해 우수 인력의 출국 및 유학 기간 중 병역 문제를 정책적으로 배려해 줬다.

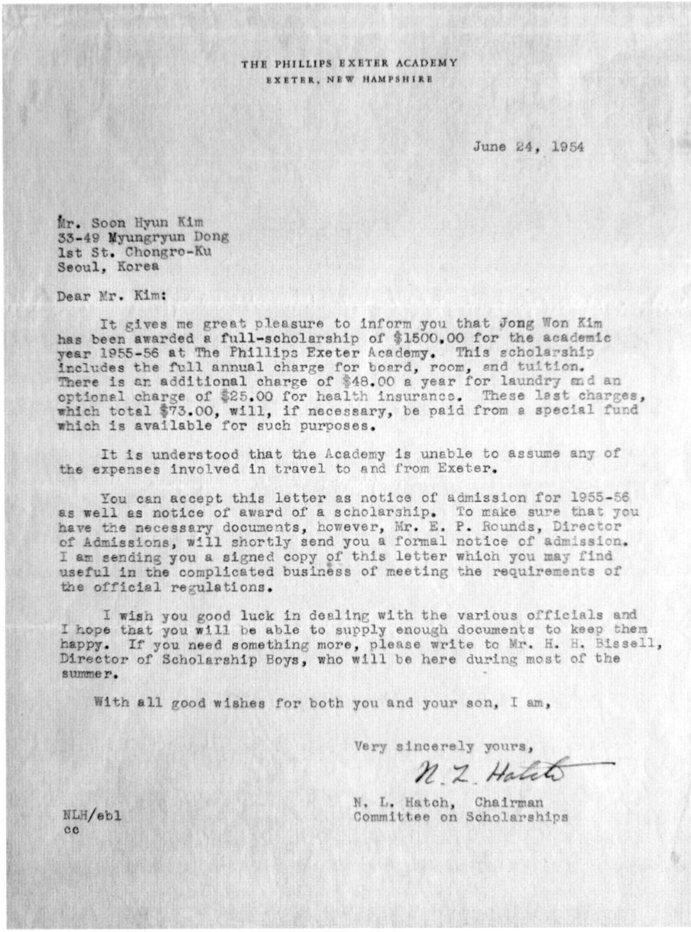

THE PHILLIPS EXETER ACADEMY
EXETER, NEW HAMPSHIRE

June 24, 1954

Mr. Soon Hyun Kim
33-49 Myungryun Dong
1st St. Chongro-Ku
Seoul, Korea

Dear Mr. Kim:

It gives me great pleasure to inform you that Jong Won Kim has been awarded a full-scholarship of $1500.00 for the academic year 1955-56 at The Phillips Exeter Academy. This scholarship includes the full annual charge for board, room, and tuition. There is an additional charge of $48.00 a year for laundry and an optional charge of $25.00 for health insurance. These last charges, which total $73.00, will, if necessary, be paid from a special fund which is available for such purposes.

It is understood that the Academy is unable to assume any of the expenses involved in travel to and from Exeter.

You can accept this letter as notice of admission for 1955-56 as well as notice of award of a scholarship. To make sure that you have the necessary documents, however, Mr. E. P. Rounds, Director of Admissions, will shortly send you a formal notice of admission. I am sending you a signed copy of this letter which you may find useful in the complicated business of meeting the requirements of the official regulations.

I wish you good luck in dealing with the various officials and I hope that you will be able to supply enough documents to keep them happy. If you need something more, please write to Mr. H. H. Bissell, Director of Scholarship Boys, who will be here during most of the summer.

With all good wishes for both you and your son, I am,

Very sincerely yours,

N. L. Hatch

N. L. Hatch, Chairman
Committee on Scholarships

NLH/ebl
cc

필립스 엑서터 아카데미 합격 편지 [1954년 6월 24일]

1955년 6월 18일, 아침 일찍 일어나 어머니가 차려 주신 아침상을 받았다. 가족들과 함께 먹는 마지막 식사라고 생각하니 서글퍼졌다. 당시에는 여의도에 비행장이 있었는데 공항에 도착해 보니 군용 텐트로 만든 가건물이 공항 청사로 사용되고 있었고 활주로는 두 개였다. 여의도 전체가 하나의 비행장이었던 셈이다. 노스웨스트항공을 이용했는데, 배편으로 유학길에 오르는 사람도 많았던 때에 비행기를 탈 수 있어 감사할 따름이었다. 당시 김영삼 의원, 윤형남 의원을 비롯해 대략 30명의 친구가 공항에 나와 환송해 줬다. 비행기 트랩을 오르면서 나도 모르게 '파이팅'을 외쳤다. 가진 거라곤 용기와 개척정신, 300달러가 전부였다.

비행기에서 서울 전경을 내려다볼 때만 해도 한국을 그렇게 오랫동안 떠나 있게 될 줄은 꿈에도 몰랐다. 미국 직항편이 없던 시절이라 도쿄, 하와이, 샌프란시스코, 시카고, 뉴욕을 거쳐 보스턴으로 갔다. 감사하게도 가는 곳마다 지인들이 있어 융숭한 대접을 받았다.

가장 먼저 도착한 일본 도쿄에서는 경기고등학교 친

여의도 공항에서 어머니와 누이동생 (위) ⓒ 전쟁기념관
여의도 공항에서 김영삼 의원과 함께 (아래) ⓒ 대한민국역사박물관

미국 유학을 떠나기 위해 비행기에 탑승하는 모습과 환송객들
[1955년 6월 18일 여의도 공항] ⓒ 대한민국역사박물관

구인 장은종의 집에 머물렀다. 한국은 전기가 부족해 밤이면 캄캄했는데 일본의 밤거리는 너무도 환했다. 불빛이 가득한 것이 완전 다른 세상이었다. 한국전쟁으로 인해 일본에 얼마나 뒤처지게 됐는지를 절감했다.

2박 3일의 일본 일정을 마치고 팬암항공기를 타고 하와이로 출발했다. 당시 하와이는 지금의 괌 같은 미국령으로 미국 영토가 아니었다. 오충정 주하와이 한국 총영사의 도움으로 그 댁에서 일주일을 지냈다. 외사촌 오기창 형이 미리 연락한 덕분이었다. 오 총영사는 기창 형의 외사촌이었다. 마침 경기고등학교 송구부의 황충엽 선배가 하와이에서 유학을 하고 있었다. 황 선배는 내게 멋진 하와이안 셔츠를 사 입히고 매일 나를 자신의 차에 태워 데리고 다니며 호놀룰루 이곳저곳을 구경시켜 줬다. 우리는 스포츠로 이야기꽃을 피웠다. 황 선배는 후에 한국 사격 국가대표 선수로 활약했으며 사업가로도 성공했다. 피겨협회장과 사격연맹 회장을 역임하기도 했다. 우리의 인연은 60여 년간 계속됐고 그는 내 마음속에 항상 '충엽이 형'으로 남아 있다.

하와이에서 다시 팬암항공기를 타고 샌프란시스코로 향했다. 뉴욕 직항 노선이 없기도 했고, 이곳저곳을 다니면서 견문을 넓히고 싶은 마음도 있었다. 샌프란시스코에서는 경기고등학교 동창 정재문이 맞아 줬다. 그는 버클리대에 입학해 9월에 시작하는 학기를 준비하고 있었다. 3일 뒤에는 비행기를 타고 시카고로 갔다. 시카고에서 기차를 타고 북쪽으로 얼마 떨어지지 않은 밀워키로 가 마켓대에 재학 중이던 오기창 형을 만났다. 형과 함께 일주일간 머물면서 유학 생활에 도움이 되는 경험담을 들었다. 더운 여름이라 미시간호를 여러 번 방문하며 즐거운 시간을 보냈다.

시카고에서 다시 비행기를 타고 뉴저지주 뉴어크 국제공항으로 향했다. 비행기 옆자리에 조 조지프슨Joe Josephson이라는 컬럼비아대 로스쿨 학생이 앉아 있었는데 그는 생면부지의 내게 오늘은 미국 독립기념일이어서 공휴일이니 머무를 곳이 마땅치 않으면 자신의 집에서 묵으라고 제안했다. 공항에 마중 나온 그의 부모님과 함께 집으로 가서 이틀 밤을 지내며 처음으로 화려한 미국 독립기념일 불꽃놀이를 구경했다. 이틀 뒤 뉴저지에서 그레이하운드 버스를 타고 보스턴으로 떠났다. 여섯 시간 동안 창밖에 펼쳐진 미국 풍경을 감상했다. 보스턴에서 기차를 갈아타고 드디어 필립스 엑서터 아카데미가 있는 뉴햄프셔주 엑서터로 향했다.

한국을 떠난 지 18일 만인 7월 6일 여름학교 개교일에 맞춰 학교에 도착했다. 우아함이 흐르는 교정과 말끔한 교복을 입은 학생들이 낯설게 느껴졌다. 웬만한 대학 캠퍼스보다 더 크고 아름다운 교정이었다. 꿈을 꾸는 듯했다. 도착하자마자 기숙사 웹스터홀에 짐을 풀었다. 한국에서 갖고 간 옷이라야 셔츠 몇 벌과 검은색 바지뿐이었다. 학생 지도 선생님이 보스턴의 브룩스 브라더스Brooks Brothers 매장에 데리고 가 학교 기숙사에서 입을 평상복, 정장, 체육복 등 일상생활에서 필요한 모든 옷가지를 사주셨다. 친절한 점원과 반듯한 양복들이 걸려 있는 매장을 보니 한국에 있는 동생과 친구들이 떠올랐다. **같은 하늘 아래 이처럼 안락하고 쾌적하게 살아가고 있는 사람들이 있는 반면, 한편에선 전쟁으로 고통 받는 사람들이 있**

다고 생각하니 안타깝고 혼란스러웠다.

나는 여름학교에서 신학기에 대비해 영어를 중점적으로 공부했다. 9월에는 필립스 엑서터 아카데미 3학년으로 정식 편입했다. 기숙사 방도 아멘홀로 옮겼다. 기독교 학교여서 기숙사 규칙이 엄격했다. 새벽 6시에는 무슨 일이 있어도 일어나 오전 예배를 보고 다 함께 식사한 다음 수업에 들어갔다. 아침 일찍 일어나고 스스로 방 청소를 하는 것은 어린 시절부터 아버지가 훈련시켜 주신 덕분에 어렵지 않았다.

20세기 미국의 대표적인 자선가이자 커먼웰스 펀드Commonwealth Fund 초대회장인 에드워드 하크니스Edward Stephen Harkness는 부친으로부터 물려받은 천문학적인 재산을 대부분 익명으로 의료·교육·복지·문화유산을 위해 기부했다. 그는 필립스 엑서터 아카데미의 역사를 바꾸는 데도 결정적 역할을 했는데 틀에 박힌 주입식 교육을 변화시킬 수 있는 새로운 교육 방식을 제안하고 학교가 이러한 교수 학습 방식을 도입할 수 있도록 거액을 기부했다. 학교는 소규모 토론식 수업을 도입했고, 그의 정신을

책상 앞에 커다란 태극기를 걸어 놓은 김정원의 기숙사

1956년 필립스 엑서터 아카데미 교정에서

기리고자 교실에 있는 타원형 테이블을 '하크니스 테이블Harkness Table'로 명명했다. 한국의 주입식 교육에 익숙한 내게 12명의 학생과 교사가 원탁에 둘러앉아 진행하는 토론식 수업은 생소하기도 하고 따라가기가 쉽지 않았다. 영어는 웬만큼 자신 있다고 생각했지만 토론에 대비하기 위해서는 미국 학생들이 세 시간이면 보는 책을 열 시간 이상 붙들고 씨름해야 했다.

다른 학생들처럼 잘 것 다 자고 쉴 것 다 쉬고 남는 시간에 공부하면 도저히 학업을 따라갈 수 없다는 생각이 들었다. 결국 밤 11시면 불을 끄고 잠자리에 들어야 하는 규정을 어기고 이불 속에서 전등불을 켜고 새벽까지 예습·복습을 계속했다. 고전 영어를 하고 나면 수학이 문제고, 수학을 하고 나면 물리가 문제였다. 새벽에 한두 시간 잠시 눈을 붙였다가 일어나 아침 예배를 보곤 했다. 자다가 코피가 터지는 일도 예사였다. 이렇게 7개월간 올빼미 생활을 하다 보니 어느 정도 공부에 대한 갑갑함이 해소됐다.

오전 수업을 마치면 오후에는 클럽 활동을 했다. 나는

초등학교 때부터 좋아했던 축구클럽을 선택했다. 매일 오후에는 클럽 동료들과 땀을 흘리며 연습하고 함께 밥을 먹으며 친해졌다. 환경은 한국에서 축구할 때와는 비교할 수 없을 정도로 좋았다. 다른 고등학교 팀이나 대학교 1학년 학생들과 대항전도 했는데 예일대나 다트머스대 1학년 팀과 경기할 때면 버스를 타고 원정을 갔다. 버스 안에서는 노래를 부르고 농담도 주고받으며 즐겼다. 나의 마지막 시합은 가장 유서 깊은 경쟁 관계인 필립스 아카데미 앤도버Phillips Academy Andover와의 경기였다. 그 경기에서 우리가 1 대 0으로 이겼다. 전교생이 응원가를 부르고 박수를 쳤다. 그렇게 앤도버 선수들과도 친해졌고, 수십 년간 친구 관계를 유지했다.

그렇다고 내가 필립스 엑서터 아카데미에 간 가장 중요한 목적인 대학 입시를 잊지는 않았다. 졸업을 앞두고 미국의 대학수학능력시험인 SAT를 치렀다. 800점 만점에 650점만 넘으면 원하는 대학인 하버드대에 입학할 수 있었는데 730점 정도를 받았다. 특히 프랑스어에서는 전혀 실수를 하지 않았다. 필립스 엑서터 아카데미 졸업장과 이 정도의 SAT 점수라면 하버드대 입학이 힘들지 않겠다는 생각에 용기가 났다. 1956년 3월 말, 하버드대와 예일대 모두에서 합격 통지를 받았다. 장학금을 주겠다는 편지도 함께였다. 하버드대는 1년간 장학금, 예일대는 4년 전액 장학금이었다. 나는 망설임 없이 하버드대를 선택했다.

두 나라의 현실 속에서 깨달은 삶의 차이

예일대에서 4년 전액 장학생이란 파격적인 제안을 한 데는 그럴 만한 이유가 있었다. 미국에 와서 3개월이 지난 뒤 맞은 겨울방학 때였다. 미국인들은 우리나라의 설날이나 추석처럼 크리스마스를 특별하게 생각하는데 이때는 학교 기숙사나 상점도 문을 닫고 대부분 가정에서 가족과 함께 시간을 보낸다. 미국에 혼자 떨어져 있는 나로서는 갈 곳이 마땅치 않았다. 마침 한국에서 친하게 지냈던 빌 보스 기자가 초청해 주어 캐나다로 떠날 요량으로 짐을 싸고 있었다. 그때 동급생 존 트리페John Trippe가 찾아와 한국으로 크리스마스를 보내러 가냐고 물었다. 갈 수 없다고 답하자 다음 날 그가 부모님과 상의한 뒤 크리스마스 때 나를 자신의 집에 초대하고 싶다고 했다. 그의 초청을 흔쾌히 받아들였다.

12월 20일 보스턴에서 기차를 타고 코네티컷주 그리니치에 있는 친구의 별장으로 갔다. 그리니치는 뉴욕에서 자동차로 30분 거리에 있는 미국의 대표적인 부촌이다. 미국에서 얼마 살지 않은 나로서는 그러한 사실을 알 리 없었다. 교양 있고 아름다운 어머니가 나를 손님방으로 안내했다. 별장에서 이틀 밤을 지내고 자동차를 몰아 친구의 집이 있는 뉴욕으로 향했다. 맨해튼 이스트 84가에 있는 그레이시 스퀘어 10^10 Gracie Square^이었다. 이스트강이 훤히 내려다보이는 그의 집은 엄청나게 컸다. 침실이 일곱 개 이상 되는 듯했다.

12월 24일 밤 열린 크리스마스 칵테일파티에 참석하기 위해 학교에서 준 검정 양복으로 갈아입고 따라나섰다. 파티장은 유명한 월도프 아스토리아^Waldorf Astoria^ 호텔이었다. 샹들리에가 아름답게 반짝이는 연회장으로 화사한 드레스와 정장을 차려입은 미국 상류사회 인사들이 모이기 시작했다. 영화에서나 봤던 장면이 눈앞에서 생생하게 펼쳐졌다. 동양인은 체구가 작은 나 하나밖에 없었다. 이런 성대한 파티는 처음이라 어떻게 행동해야 할지 감이 잡히지 않았다. **별천지 같았다. 지성미 넘치는 세련된 영어로 대화를 나누는 이들의 모습이 신기하기만 했다.** 검은 턱시도를 입고 친구 아버지와 대화를 나누던 한 신사가 내게 말을 건넸다.

"존 트리페와 필립스 엑서터 아카데미 친구라고 했지? 처음 보는 것 같은데 고향이 어디인가?"

"대한민국에서 왔습니다. 만나서 반갑습니다."

"대한민국이라면 한국전쟁이 벌어진 곳이군. 내 사촌도 그 전쟁에 참전했지."

그가 한국전쟁 이야기를 꺼내자 여기저기서 대화에 끼어들었다. 한국전쟁에서 전사한 친구, 전쟁의 참혹함, 뉴스에서 들은 한국 소식 등 다양한 견해와 주장이 쏟아졌다. 대화는 '한국이 자유민주주의 국가로 나아가게 된 것을 기쁘게 생각한다', '이승만 대통령이 프린스턴대 출신이다', '미국은 한국의 우방이다' 등으로 이어졌다.

후안 트리페 팬암 회장의 별장에서 [1955년 미국 코네티컷주 그리니치]

그 신사는 "어려울 때일수록 용기를 잃지 말아야 한다. 졸업반인데 어느 대학으로 진학할 생각이냐?"라고 물었다.

"하버드대에 갈 겁니다." 나는 자신 있게 대답했다. "하버드대?" 가만히 고개를 끄덕이는 신사와 내 주변으로 어느새 10여 명이 모여들었다. 그들 나름대로 한마디씩 조언을 던졌다. 반대편에 서 있던 신사가 갑자기 "예일대가 더 좋지"라고 외치자 여기저기서 "프린스턴대" "컬럼비아대" "코넬대" 등 대학 이름을 호명하기 시작했다. 그들은 그런 식으로 자신의 모교를 권했다. 당시 이들이 언급한 곳은 모두 미국 동부의 유명 사립대학이었다.

칵테일파티 말미에 친구 아버지가 손님들에게 건배를 제안하자 다들 "팬암•!"이라고 소리쳤다. 나는 그제야 친구 아버지가 유명한 항공사인 팬 아메리칸 월드 항공Pan American World Airways 회장이라는 것을 알게 됐다. 내가 도쿄에서 하와이, 하와이에서 샌프란시스코까지 타고 온 팬암의 회장이었던 것이다.

그 이후로도 모두가 함께 대화하고 춤추며 흥겨운 크

리스마스 파티는 계속됐다. 하지만 나는 손님방으로 돌아와 울음을 터트리고 말았다. 미국과 한국의 엄청난 환경 차이를 절감했기 때문이었다. **한쪽은 굶주림과 가난으로 신음하고, 다른 한쪽은 풍요로움이 넘쳐났다. 태평양 건너에 두고 온 조국에 대한 그리움이 밀려왔다.** 천막학교와 피란 시절, 어린 동생과 부모님, 피폐한 서울의 전경이 떠올랐다. 가난한 나의 조국을 위해 무엇을 할 수 있을까 생각하니 가슴 밑바닥에서부터 눈물이 복받쳐 올랐다.

크리스마스 당일 밤에는 친구 가족과 월도프 아스토리아 호텔 레스토랑에서 열린 만찬에 참석했다. 프랭크 시나트라Frank Sinatra가 부르는 노래를 직접 들으면서 식사

• 1927년에 설립된 팬 아메리칸 월드 항공을 말하며 주로 약자인 팬암(Pan Am)으로 불렸다. 팬암은 전 세계를 운항한 최초의 항공사이자 20세기 미국에서 가장 큰 국제 항공사였다. 점보제트기, 컴퓨터 예약 시스템 도입 등으로 현대 항공 산업의 혁신을 주도했으며 파란색 지구 모양의 로고, 차별화된 객실 디자인과 기내 서비스, 다국어를 구사하는 고학력 스튜어디스, 인터컨티넨탈 호텔 설립 등으로 세계 최고의 항공사이자 미국의 상징으로 여겨졌다. 그러나 사고, 테러, 오일 쇼크 등으로 경영난이 가중되면서 1991년 파산했다. 팬암의 설립자인 후안 트리페는 예일대 출신으로 제1차 세계 대전에 비행사로 참전하면서 항공 산업에 눈을 떴으며, 1928년 미 국무장관 에드워드 R. 스테티니우스 주니어의 여동생인 엘리자베스 베티 스테티니우스를 아내로 맞이해 슬하에 네 명의 자녀를 두었다.

를 했다. 당시에 나는 팝송을 제대로 들어본 적이 없었고, 그가 유명한 가수인지도 몰랐지만 흥미로운 시간이었다. 12월 26일에는 뉴욕에서 열리는 하키 게임을 참관하고, 그다음 날 존 트리페는 친구들과 스키를 타러 스위스로 떠났다.

나는 29일에야 버스를 타고 캐나다 토론토로 향했다. 빌 보스 기자는 토론토의 주요 명소를 보여 줬다. 캐나다 일정을 마치고 3일 후 또다시 버스를 타고 기숙사로 돌아왔다. 짧았지만 미국 상류층과 뉴욕, 캐나다의 면면을 보고 느낄 수 있었던 시간이었다. 난생처음 칵테일파티와 스포츠 게임을 즐기고 내 또래 젊은이들과 교류하며 크리스마스를 보냈다. 행운이었다.

친구가 스위스로 떠난 이후 후안 트리페Juan T. Trippe 팬암 회장이 크라이슬러 빌딩 사무실로 나를 불렀다. 직원들의 안내를 받아 고풍스러운 가구로 꾸며진 회장실로 들어섰다. 사무실에서 만난 친구 아버지는 집에서 봤을 때와는 또 다른 위엄이 느껴졌다. 그는 미리 준비해 둔 나무박스 하나를 건넸다. 풀어 보니 최신형 타자기가 들어 있었다. 고마워서 어쩔 줄 몰라 하자 용돈까지 쥐여 주며 "어떤 일이 있어도 포기하지 말고 꼭 훌륭한 사람이 돼야 한다"라고 격려했다. 그 타자기를 거의 20년 동안 썼던 것으로 기억한다. 정말 귀중한 크리스마스 선물이었다.

생면부지의 나를 이렇게 아껴 주고 환대해 준 친구 가족들에 대한 고마움이 밀려왔다. 한국을 떠나올 때 갖고 온 돈은 300달러가 전부였다. 부모님과 선후배, 친구들이 모아 준 격려금이었다. 학비는 전혀 들지 않았지만 앞으로 대학에 입학하고 또 여러 가지 변수가 생길지 모르는 상황에서 친구 아버지의 배려는 큰 힘이 됐다. 게다가 당시 타자기는 요즘 노트북처럼 대학생들의 필수품이었다. 대학에 입학하기도 전에 입학 선물을 먼저 받은 셈이었다. 예일대 동창회와 이사회 멤버로 막강한 영향력을 갖고 있던 그가 내게 예일대 진학을 권유했다. 예일대가 하버드대보다 낫다는 게 그의 지론이었다.

일찌감치 원서를 낸 하버드대와 팬암 회장이 추천해 준 예일대에서 차례로 합격 증서가 날아왔다. 조건만 보면 예일대로 가는 것이 유리했다. 잠시 망설였으나 한국에 있을 때부터 꿈꿔 온 하버드대에 진학하기로 결정을 내렸다. 당시 필립스 엑서터 아카데미 졸업생 250명 중에서 하버드대에 100명, 예일대에 40명, 프린스턴대에 30명이 진학했다. 명실공히 필립스 엑서터 아카데미는 진학률 전국 1위의 학교였다.

1956년 8월 말, 꿈꿔 왔던 하버드대에 입성했다. 배정된 기숙사는 홀리스홀 3층이었다. 도서관과 하버드 야드를 바라볼 수 있는 곳이었다. 룸메이트는 필립스 엑서터 아카데미 동창생이었다. 학교 전체에 한국인 학생은 채 다섯 명도 되지 않았다. 서로 공부하느라 자주 보지는 못했지만 일요일 아침에 만나 함께 식사를 하며 한국을 그리워했다.

필립스 엑서터 아카데미, 필립스 아카데미 앤도버, 디어필드 아카데미Deerfield Academy에서 축구 시합을 했던 친구들과는 하버드대 축구팀으로 활동했다. 12월부터는 학교 당국의 허락을 받아 스피드스케이팅 학생 대표로 각종 대회에 출전했다.

내가 지은 미들 네임, 알렉스

언제나 새로운 학교에서 가장 먼저 하는 일은 친구를 사귀는 것이다. 친구를 만들려면 우선 이름과 얼굴을 익혀야 하는데, 여기서부터 난관에 봉착했다. 새로운 친구를 만나 내 이름을 소개할 때마다 매우 곤혹스러운 상황이 벌어졌다. 'Joungwon'이라고 표기한 뒤 한국식으로 발음했더니 '저응-원' '조-웅-완' 등 친구들이 국적 불명의 소리를 내기 시작했다. 온갖 얼굴 근육을 총동원해 열심히 따라 하는데도 결국 괴상한 음을 만들어 내기 일쑤였다. 친구가 내 이름을 부르는데 내가 알아듣지 못하는 사태가 빚어졌다. 어느새 친구들이 알아들을 수 없는 이상

한 발음을 하면 '어련히 나를 부르는 거겠지' 생각하게 됐다. 친구들뿐만 아니라 선생님들도 마찬가지였다. 차라리 'JW'라고 표기하는 게 낫겠다 싶기도 했지만 다시 바꾸기에는 늦은 감이 있었다. 그렇다고 미국식 이름으로 통째로 바꾸는 것도 자존심이 허락하지 않았다.

고민을 거듭한 끝에 기막힌 아이디어가 떠올랐다. 서양인들은 우리처럼 이름이 한 개만 있는 게 아니라 여러 개로 나눠져 있다. 퍼스트 네임과 미들 네임, 라스트 네임 등 전체 이름이 상당히 장황한 사람이 많다. 지금의 내 이름은 퍼스트 네임과 라스트 네임밖에 없으니 미들 네임을 지으면 되겠다는 생각에 이르렀다.

당장 도서관에 달려가 브리태니커사전과 웹스터사전을 뒤졌다. 우리가 이름 한 자 한 자에 의미를 담아 짓듯이 서양의 이름에도 어원이 있다. 또 닮고 싶은 훌륭한 인물이나 위인, 종교적 뜻이 담긴 이름을 붙이기도 한다.

사전을 뒤적이면서 '정원正源'이라는 내 이름의 의미를 살릴 수 있는 중간 이름을 지어야겠다고 생각했다. 여러 어원을 찾아보다가 '알렉산더Alexander'라는 이름에 시선이

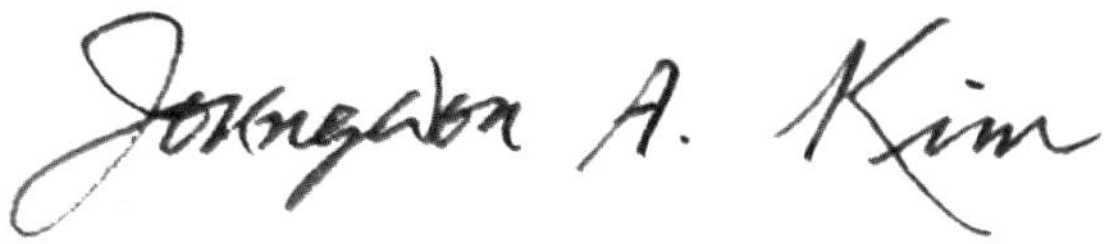

박혔다. '수호자' '지키다' '돕다'라는 뜻을 지니고 있었다. 그 순간부터 나는 'Joungwon Alexander Kim'이 됐다. 무엇보다 친구들이 좋아했다. 알렉산더의 약자인 '알렉스Alex'라는 이름으로 부르면서 친구들과 더 가까워졌고 허물없는 사이로 발전하게 됐다.

하버드대 최초의 한국인 학생 대표

밤늦게 잠들고 새벽에 일어나는 생활이 반복됐다. 특히 일요일에는 도서관에서 하루 종일 공부를 했다. 밥 먹는 시간, 화장실 가는 시간을 제외하고는 손에서 책을 놓지 않았다.

부모님이 학비를 보내 주겠다고 여러 차례 전보를 치고 편지를 부치셨지만 극구 사양했다. 당시 우리나라 1인당 국민총생산GNP이 70달러였다. 나의 1년 학비는 1,400달러였다. 1인당 GNP의 20배가 넘는 금액을 1년 학비로 낭비할 수 없다는 결론을 내렸다. 나는 부모님께 그 돈으로 최소 50~100명의 한국 학생에게 장학금을 줬으면 좋겠다는 내용의 답신을 보냈다.

부모님은 그 이후로 정말 단돈 1달러도 송금해 주지 않으셨다. 나 역시 오로지 장학금을 받아야 공부할 수 있다고 생각했다. 그러던 중 김준연 국회의원이 하버드대를 방문했다. 촌수를 구체적으로 따지자면 김 의원은 어머니의 사촌이었는데 나는 그를 이모부라고 불렀다. 그는 독립운동가 출신으로 법무부 장관을 지냈으며 대통령 후보에 출마할 만큼 유명한 정치인이었다. UN대표단을 이끌고 뉴욕에 왔다가 나를 보러 오신 것이다. 나는 성심성의껏 일행을 안내했다. 한국으로 돌아가시는 날 이모부께서 갑자기 작은 봉투 하나를 손에 쥐어 주셨다.

"아버지가 보낸 것이다."

순간 언제나 근엄하지만 남몰래 자식을 생각하는 아버지의 얼굴이 떠올라 코끝이 찡했다.

그럭저럭 가을학기와 봄학기를 마쳤다. 4월이 되자 학생회 대표를 뽑는다는 공지문이 올라왔다. 학생회 임원은 모두 여덟 명으로 각 학년마다 두 명씩 선출했다. 나는 2학년 대표로 활동하고 싶었다. 미국 생활을 잘 모르는

1956년 미국 하버드대 기숙사에서

내가 괜한 욕심을 부리는 게 아닌가 하는 생각도 들었지만 가까운 친구들이 용기를 내라며 응원해 줬다. 세계적인 석유재벌 가문의 일원이자 넬슨 록펠러Nelson Rockefeller 부통령의 아들인 마이클 록펠러Michael Rockefeller, 하인즈 케첩Heinz Ketchup의 손자였던 존 하인즈John Heinz 같은 친구들과 함께 공약을 만들고 유세를 했다. 그들의 전폭적인 지지로 19명의 후보 중 1등으로 당선됐다. **하버드대 최초의 한국인 학생 대표였다. 기말시험 전까지 몇 번의 학생회 회의에 참석했다.**

내가 학생회 임원이 된 사실이 한국에까지 알려졌다. 소식을 전해 들은 영부인 프렌체스카 도너 리Francesca Donner Rhee 여사는 월터 C. 다울링Walter C. Dowling 주한 미국 대사 부인에게 보낸 편지에 내 이름을 언급하며 기뻐했다. 안타깝게도 마이클 록펠러는 인류학자로 뉴기니에서 연구 활동을 하던 중에, 존 하인즈는 상원의원 재선을 위해 캠페인을 벌이다가 비행기 사고로 유명을 달리했지만 내 마음속에 그들은 영원히 살아 있다.

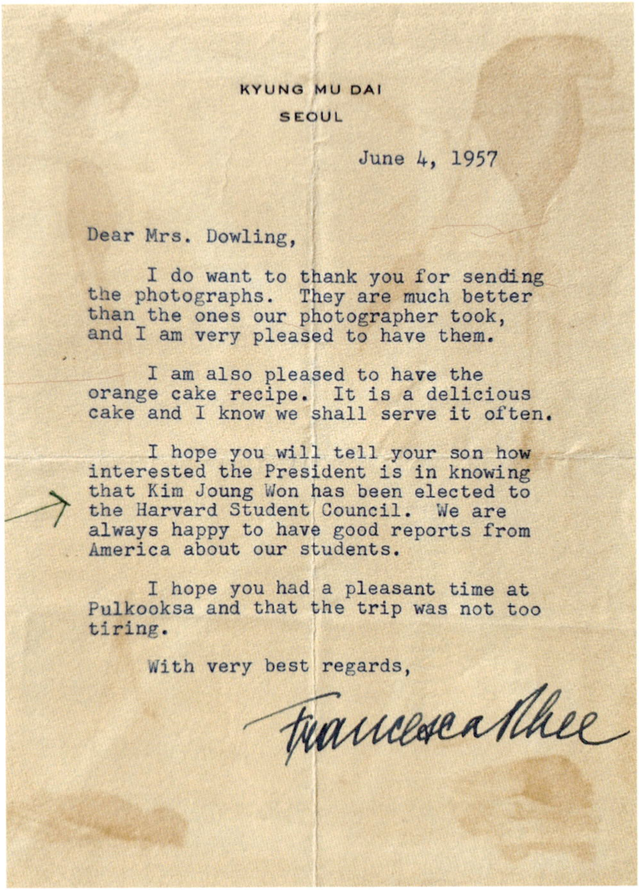
KYUNG MU DAI
SEOUL

June 4, 1957

Dear Mrs. Dowling,

I do want to thank you for sending the photographs. They are much better than the ones our photographer took, and I am very pleased to have them.

I am also pleased to have the orange cake recipe. It is a delicious cake and I know we shall serve it often.

I hope you will tell your son how interested the President is in knowing that Kim Joung Won has been elected to the Harvard Student Council. We are always happy to have good reports from America about our students.

I hope you had a pleasant time at Pulkooksa and that the trip was not too tiring.

With very best regards,

Francesca Rhee

이승만 대통령의 부인 프란체스카 리 여사가 월터 C. 다울링 주한 미국대사의 부인에게 보낸 편지로 김정원 학생이 하버드대 학생 대표로 선출됐다는 내용이 담겨 있다. [1957년 6월 4일]

펜으로 지킨 한국의 명예

하버드대에서 1학년을 무난히 마쳤다. 여름방학 때는 학교 선배들의 추천을 받아 일간지 『보스턴 글로브』의 편집실에서 인턴으로 일했다. 『보스턴 글로브』는 1872년에 창간된 미국 매사추세츠주의 대표적인 신문사이자 보스턴에서 최고의 발행 부수를 자랑하는 유력 언론이다.

인턴으로 일하고 있었기에 누구보다도 빨리 신문 기사를 읽을 수 있었다. 신문에 한국 관련 기사가 나오면 읽고 또 읽고 스크랩까지 해 두었다. 나는 기숙사 방에 커다란 태극기를 걸어 두고 볼 때마다 내가 한국을 대표해서 여기에 있다는 마음으로 나태해지려는 자신을 가다듬곤

했다. **1957년 7월 10일, 나는 나나통신 서울특파원 레이 폴크**Ray Folk **기자가 쓴 기사를 보고 경악을 금치 못했다.** 내게 익숙한 초가집이 그려진 삽화가 있어서 유독 시선을 끌었다. 제목부터 단숨에 읽어 내려갔다.

'뭐라고…? 한국이 도둑의 소굴이라고?'

한국 경찰이 절도를 옹호했다니… 도대체 말이 되지 않는 시각이었다. 폭발 사고와 절도 사건을 그대로 보도하지 않고 한국인 전체의 도덕성, 법질서까지 매도한 명백한 왜곡 보도였다. 무려 37명의 선량한 한국 시민이 폭발 사고로 사망했는데 그에 대한 반성이나 슬픔 없이 오로지 절도 사실만을 부풀린 것이다. 가만히 있어서는 안 된다고 생각했다. 한국에서는 이 사실을 전혀 모르고 있기에 아무런 대응을 하지 않을 것 같았다. 국정 최고책임자이자 기사에 실명이 거론된 피해 당사자인 이승만 대통령에게 급히 전보를 보냈다.

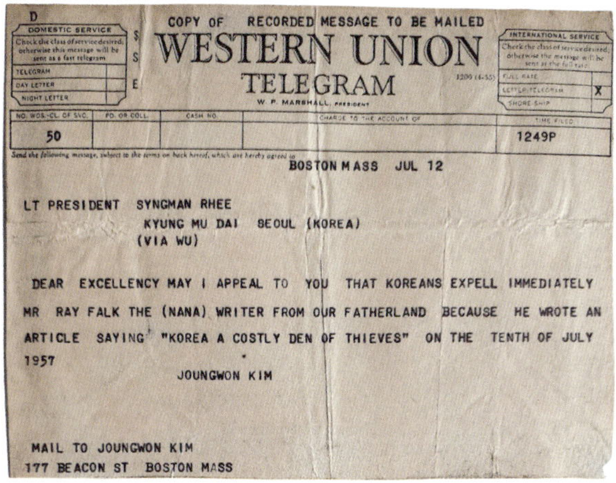

D
DOMESTIC SERVICE
COPY OF RECORDED MESSAGE TO BE MAILED
WESTERN UNION
TELEGRAM
W. P. MARSHALL, PRESIDENT
INTERNATIONAL SERVICE

50 1249P

BOSTON MASS JUL 12

LT PRESIDENT SYNGMAN RHEE
KYUNG MU DAI SEOUL (KOREA)
(VIA WU)

DEAR EXCELLENCY MAY I APPEAL TO YOU THAT KOREANS EXPELL IMMEDIATELY MR RAY FALK THE (NANA) WRITER FROM OUR FATHERLAND BECAUSE HE WROTE AN ARTICLE SAYING "KOREA A COSTLY DEN OF THIEVES" ON THE TENTH OF JULY 1957

JOUNGWON KIM

MAIL TO JOUNGWON KIM
177 BEACON ST BOSTON MASS

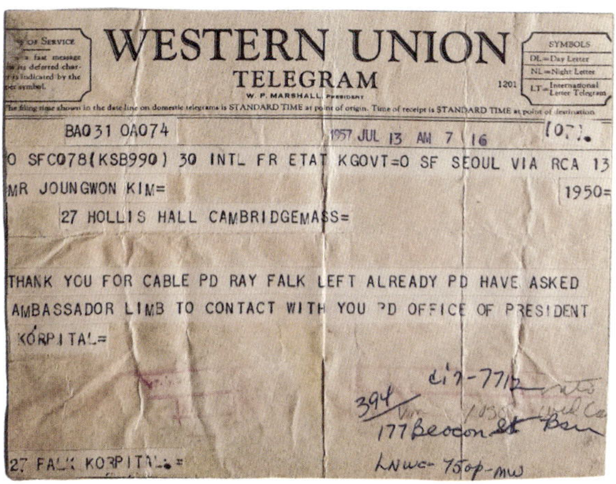

WESTERN UNION
TELEGRAM
W. P. MARSHALL, PRESIDENT
SYMBOLS
DL=Day Letter
NL=Night Letter
LT=International Letter Telegram

BA031 OA074 1957 JUL 13 AM 7 16

O SFC078(KSB990) 30 INTL FR ETAT KGOVT=O SF SEOUL VIA RCA 13
MR JOUNGWON KIM= 1950=
27 HOLLIS HALL CAMBRIDGEMASS=

THANK YOU FOR CABLE PD RAY FALK LEFT ALREADY PD HAVE ASKED AMBASSADOR LIMB TO CONTACT WITH YOU PD OFFICE OF PRESIDENT KORPITAL=

177 Beacon St Bos

27 FALK KORPITAL=

김정원이 「한국은 도둑의 소굴」 기사를 알리기 위해
경무대(이승만 대통령 집무실)로 보낸 전보 (위) 경무대의 답신 전보 (아래)

수백만 달러의 손실을 입은 미 육군
한국은 고비용이 드는 도둑의 소굴임을 양키가 밝혀내다

레이 폴크 기자
나나통신 서울 특파원

한국인들이 지나가면 미국 송유관에서는 석유가 나오지 않았다. 그들은 송유관 위에 집을 짓고 손쉽게 석유를 빼 갔다.

한국에서 발생하는 절도로 인해 미군은 수백만 달러 이상의 손해를 보고 있다. 몇몇 주한 미군 장교는 한국 정부 당국의 묵인하에 절도 건수가 날로 증가 일로에 있으며, 이 문제로 인해 한국 정부 및 여론과의 관계가 악화되고 있다고 주장했다. 이는 7월 1일까지 주한 미8군 사령관이었던 아이작 D. 화이트 장군이 해당 사안을 외신 특파원들과 논의하지 말라는 명령을 내릴 정도로 심각하고 예민한 상황이다. 그럼에도 참모들은 비공식적으로 절도와의 싸움에서 패배한 사례를 기꺼이 들려주었다.

한국 검찰은 몇 주 전 세상을 놀라게 했던 미군 보급 열차 강도 사건에 연루된 남성에게 고작 징역 1~3년 형을 구형했다. 한국 정부는 미 육군의 명령하에 위장 요원으로 활동한 미군 하사를 공범으로 기소했다.

미국의 공식 입장에도 불구하고 한국 정부가 전례 없는 기소를 감행한 것은 오늘날 한국인이 도둑질에 대해 취하는 선형적인 태도를 보여준다. 미8군 사령부의 한 장교는 '한국에서는 절도 행위가 범죄가 아니라 잡히는 것이 수치스러운 것'이라고 말했다.

며칠 전 부산 인근에서 미군 송유관 기름 누출로 인한 폭발로 한국인 37명이 사망하는 사고가 발생했다. 미군 측 조사에 따르면 폭발은 한국인이 송유관에서 기름을 빼내다 일어난 것인데, 한국 정부는 미군이 희생자들에게 보상금을 지급할 것을 요구하는 방안을 검토하고 있다.

한 미군 대령은 다음과 같이 말했다. "한번은 송유관 밸브를 열어도 석유가 나오지 않은 적도 있다. 한국인들은 송유관 위에 집을 지어 손쉽게 기름을 빼 갈 수 있도록 했다. 부산의 송유관 경비병을 세 배로 늘렸지만 여전히 불충분하다. 우리는 만일의 사태에 대비해 모든 보급 트럭에 무장 경비병을 배치하고 있는데, 이는 우방국에서는 불필요한 조치다. 모든 보급 물자를 지키기에는 미8군의 병력이 부족하다."

미꾸라지 같은 좀도둑들

이후 한국 정부는 '화재의 원인은 송유관 결함'이라는 이유로 미군에 새로운 송유관을 설치하도록 요구했다. 미군은 계속되는 절도를 막기 위한 한국 정부의 협조를 얻을 수 없자 한국 국민에게 직접 호소하고 나섰다. 미군은 송유관에 대해 '우리에게서 훔치는 것은 당신 자신의 것을 훔치는 것과 같습니다. 당신의 절도 행위가 당신 자신의 안보를 위태롭게 합니다.'라고 쓴 한국어 팸플릿을 배포했다.

한국에서 두 번째 복무를 하고 있는 한 장교는 다음과 같이 주장했다. "1946~1948년에는 미군이 한국인 절도범들을 체포해 한국 경찰에 넘기면 한국 경찰이 잘 처리했기 때문에 절도 사건도 줄어들었다. 지금은 절도로 붙잡힌 사람들을 한국 경찰에 인계하면 그냥 집으로 돌려보낸다. 이승만 대통령이 한마디만 하면 이를 막을 수 있다." 또 다른 장교는 절도범으로 군법회의에 회부된 미군들은 5년 내지 10년형이 선고된 반면 한국 경찰은 이를 선동한 한국인 공범자들을 무죄 석방하고 있는 사실을 확인시키는 통계 수치를 보여 주기도 했다. 이 좀도둑 집단은 세상에서 가장 똑똑한 절도범들조차 놀랄 만한 일을 해냈는데, 미군의 전기 발전 설비를 통째로 트럭에 싣고 빠져나오기 직전까지 캠프의 조명을 꺼뜨리지 않았던 것이다.

빈번한 희생자 G.I.

어느 날 밤, 철조망으로 둘러싸인 단지 안에 있는 미8군 사령부의 한 사무실에서 전화기 13대와 타자기 4대를 도난당하는 사건이 발생했다. 도둑들은 암시장에 내다 팔 납과 구리 조각을 얻으려 전화선을 절단하고, 금속을 얻기 위해 울타리를 해체했다. 한국에서 물건을 도둑맞지 않은 군인이 거의 없을 지경이다. 어떤 이는 입국한 지 불과 24시간도 안 돼 당하기도 한다.

군인들은 미 육군에 도난당한 물품에 대해 청구할 수 있으며, 적절한 예방 조치를 취했음이 증명되면 보상을 받을 수 있다. 도둑질 이야기는 미8군 클럽에서 가장 흥미 있는 화젯거리다.

한국인들은 한국 경찰이 암시장에서 적발된 미군 병사를 체포할 수 있도록 하는 군사적 합의가 없다는 점을 탓하며 그 때문에 경찰이 모든 절도 사건에 대한 관심을 잃었다고 주장한다. 대부분의 강도 사건은 내부 미국인들과 공모해 이뤄지는 것이 분명하다는 것이다. 또 다른 이들은 '이 모든 게 전쟁 때문이며, 사람들은 손에 잡히는 것은 무엇이든 일단 잡고 싶어 한다'고 변명한다.

『보스턴 글로브』 1957년 7월 10일 자

한국인의 명예를 걸고 반박문을 써서 실상을 제대로 알리겠다고 결심했다. 기사를 읽는 미국 독자들에게 진실을 알리고, 한미관계를 저해하지 않으며, 품격 있게 잘못을 지적해야 한다는 원칙을 세우고 1,200자의 반박문을 작성했다. 『보스턴 글로브』는 7월 15일 자에 「하버드대학의 한국인, 페어플레이를 요구하며: 한국인의 정직성을 옹호」라는 제목으로 나의 글을 게재했다.

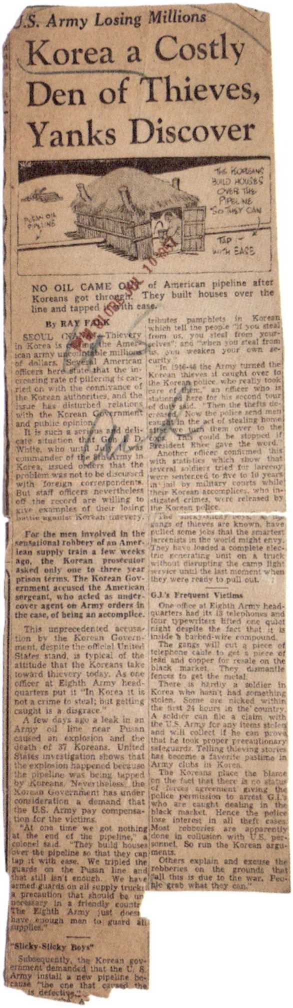
U.S. Army Losing Millions

Korea a Costly Den of Thieves, Yanks Discover

THE KOREANS BUILD HOUSES OVER THE PIPELINE SO THEY CAN TAP IT WITH EASE

PUSAN OIL PIPELINE

NO OIL CAME OUT of American pipeline after Koreans got through. They built houses over the line and tapped it with ease.

By RAY FALK

SEOUL (NANA)—Thievery in Korea is costing the American army uncollectable millions of dollars. Several American officers here state that the increasing rate of pilfering is carried on with the connivance of the Korean authorities, and the issue has disturbed relations with the Korean Government and public opinion.

It is such a serious and delicate situation that Gen. I. D. White, who until July 1 was commander of the 8th Army in Korea, issued orders that the problem was not to be discussed with foreign correspondents. But staff officers nevertheless off the record are willing to give examples of their losing battle against Korean thievery.

For the men involved in the sensational robbery of an American supply train a few weeks ago, the Korean prosecutor asked only one to three year prison terms. The Korean Government accused the American sergeant, who acted as undercover agent on Army orders in the case, of being an accomplice.

This unprecedented accusation by the Korean Government, despite the official United States stand, is typical of the attitude that the Koreans take toward thievery today. As one officer at Eighth Army headquarters put it "In Korea it is not a crime to steal; but getting caught is a disgrace."

A few days ago a leak in an Army oil line near Pusan caused an explosion and the death of 37 Koreans. United States investigation shows that the explosion happened because the pipeline was being tapped by Koreans. Nevertheless the Korean Government has under consideration a demand that the U.S. Army pay compensation for the victims.

"At one time we got nothing at the end of the pipeline," a colonel said. "They build houses over the pipeline so that they can tap it with ease. We tripled the guards on the Pusan line and that still isn't enough. We have armed guards on all supply trucks, a precaution that should be unnecessary in a friendly country. The Eighth Army just doesn't have enough men to guard all supplies."

"Slicky-Slicky Boys"

Subsequently, the Korean government demanded that the U. S. Army install a new pipeline because "the one that caused the [illegible] is defective."

[illegible] tributes pamphlets in Korean which tell the people "if you steal from us, you steal from yourselves"; and "when you steal from us, you weaken your own security."

"In 1946-48 the Army turned the Korean thieves it caught over to the Korean police, who really took care of them," an officer who is stationed here for his second tour of duty said. "Then the thefts decreased. Now the police send men caught in the act of stealing home after we turn them over to the cops. This could be stopped if President Rhee gave the word."

Another officer confirmed this with statistics which show that several soldiers tried for larceny were sentenced to five to 10 years in jail by military courts while their Korean accomplices, who instigated crimes, were released by the Korean police.

The "slicky-slicky boys," as the gangs of thieves are known, have pulled some jobs that the smartest larcenists in the world might envy. They have loaded a complete electric generating unit on a truck without disrupting the camp light service until the last moment when they were ready to pull out.

G.I.'s Frequent Victims

One office at Eighth Army headquarters had its 13 telephones and four typewriters lifted one quiet night despite the fact that it is inside a barbed-wire compound.

The gangs will cut a piece of telephone cable to get a piece of lead and copper for resale on the black market. They dismantle fences to get the metal.

There is hardly a soldier in Korea who hasn't had something stolen. Some are nicked within the first 24 hours in the country. A soldier can file a claim with the U.S. Army for any items stolen and will collect if he can prove that he took proper precautionary safeguards. Telling thieving stories has become a favorite pastime in Army clubs in Korea.

The Koreans place the blame on the fact that there is no status of forces agreement giving the police permission to arrest G.I.'s who are caught dealing in the black market. Hence the police lose interest in all theft cases. Most robberies are apparently done in collusion with U.S. personnel. So run the Korean arguments.

Others explain and excuse the robberies on the grounds that "all this is due to the war. People grab what they can."

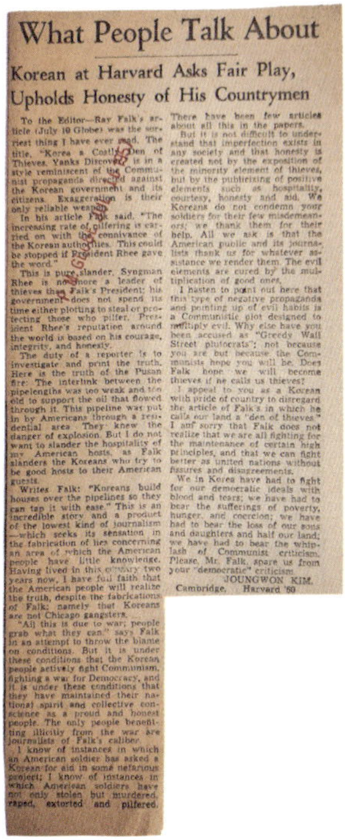
What People Talk About

Korean at Harvard Asks Fair Play, Upholds Honesty of His Countrymen

To the Editor—Ray Falk's article (July 10 Globe) was the sorriest thing I have ever read. The title, "Korea a Costly Den of Thieves, Yanks Discover," is in a style reminiscent of the Communist propaganda directed against the Korean government and its citizens. Exaggeration is their only reliable weapon.

In his article Falk said, "The increasing rate of pilfering is carried on with the connivance of the Korean authorities. This could be stopped if President Rhee gave the word."

This is pure slander. Syngman Rhee is no more a leader of thieves than Falk's President; his government does not spend its time either plotting to steal or protecting those who pilfer. President Rhee's reputation around the world is based on his courage, integrity, and honesty.

The duty of a reporter is to investigate and print the truth. Here is the truth of the Pusan fire: The interlink between the pipelengths was too weak and too old to support the oil that flowed through it. This pipeline was put in by Americans through a residential area. They knew the danger of explosion. But I do not want to slander the hospitality of my American hosts, as Falk slanders the Koreans who try to be good hosts to their American guests.

Writes Falk: "Koreans build houses over the pipelines so they can tap it with ease." This is an incredible story and a product of the lowest kind of journalism —which seeks its sensation in the fabrication of lies concerning an area of which the American people have little knowledge. Having lived in this country two years now, I have full faith that the American people will realize the truth, despite the fabrications of Falk: namely that Koreans are not Chicago gangsters.

"All this is due to war; people grab what they can," says Falk in an attempt to throw the blame on conditions. But it is under these conditions that the Korean people actively fight Communism, fighting a war for Democracy, and it is under these conditions that they have maintained their national spirit and collective conscience as a proud and honest people. The only people benefiting illicitly from the war are journalists of Falk's caliber.

I know of instances in which an American soldier has asked a Korean for aid in some nefarious project; I know of instances in which American soldiers have not only stolen but murdered, raped, extorted and pilfered.

There have been few articles about all this in the papers.

But it is not difficult to understand that imperfection exists in any society and that honesty is created not by the exposition of the minority element of thieves, but by the publicizing of positive elements such as hospitality, courtesy, honesty and aid. We Koreans do not condemn your soldiers for their few misdemeanors; we thank them for their help. All we ask is that the American public and its journalists thank us for whatever assistance we render them. The evil elements are cured by the multiplication of good ones.

I hasten to point out here that this type of negative propaganda and pointing up of evil habits is a Communistic plot designed to multiply evil. Why else have you been accused as "Greedy Wall Street plutocrats"; not because you are but because the Communists hope you will be. Does Falk hope we will become thieves if he calls us thieves?

I appeal to you as a Korean with pride of country to disregard the article of Falk's in which he calls our land a "den of thieves." I am sorry that Falk does not realize that we are all fighting for the maintenance of certain high principles, and that we can fight better as united nations without fissures and disagreements.

We in Korea have had to fight for our democratic ideals with blood and tears; we have had to bear the sufferings of poverty, hunger, and coercion; we have had to bear the loss of our sons and daughters and half our land; we have had to bear the whiplash of Communist criticism. Please, Mr. Falk, spare us from your "democratic" criticism.

JOUNGWON KIM.
Cambridge. Harvard '60

보스턴 글로브에 실린 반박문 「하버드 대학의 한국인, 페어플레이를 요구하며 한국인의 정직성을 옹호」 기사 [보스턴 글로브 1957년 7월 15일 자]

나나통신 레이 폴크 기자의 「한국은 고비용이 드는 도둑의 소굴임을 양키가 밝혀내다」 기사 [보스턴 글로브 1957년 7월 10일 자]

하버드대학의 한국인, 페어플레이를 요구하며 한국인의 정직성을 옹호

김정원

보스턴 글로브 7월 10일 자에 실린 레이 폴크 기자의 기사는 제가 읽은 것 중 가장 유감스러운 기사였습니다. 「한국은 고비용이 드는 도둑의 소굴임을 양키가 밝혀내다」라는 제목은 한국 정부와 국민을 겨냥한 공산주의 선전 행태를 연상케 합니다. 과장이야말로 그들이 유일하게 의지하는 무기입니다.

기사에서 레이 폴크 기자는 '한국 정부 당국의 묵인하에 절도 건수는 날로 증가 일로에 있다. 이것은 이승만 대통령의 말 한마디면 방지할 수 있다'고 언급했습니다. 이는 순전히 중상모략입니다. 폴크 기자의 대통령이 절도범의 두목이 아닌 것처럼 이승만 대통령 또한 절도범의 두목이 아닙니다. 한국 정부는 절도를 계획하거나 절도범을 옹호하는 데 시간을 허비하지 않습니다. 이승만 대통령의 세계적인 명성은 그의 용기와 진실성, 정직성에서 온 것입니다.

신문기자의 사명은 사실을 조사하고 그 진실을 보도하는 데 있습니다. 부산 화재의 진실은 이러합니다. 송유관 사이를 연결하는 링크가 너무 낡고 약해서 관을 통해 흐르는 기름을 지탱할 수 없었습니다. 이 파이프라인은 미국 사람들이 한국인의 주거지역을 관통해 설치한 것으로 그들은 폭발의 위험성을 알고 있었습니다. 폴크 기자가 미국인 손님에게 좋은 호스트가 되고자 노력하는 한국인을 중상모략했다고 해서 저 또한 미국인 호스트들의 호의를 비방할 생각은 추호도 없습니다.

폴크 기자는 또한 '한국인들은 손쉽게 기름을 빼 가기 위해 파이프라인 위에 집을 짓는다'라고 썼습니다. 이는 믿기 어려운 놀라운 이야기이며 미국 국민이 잘 알지 못하는 분야를 거짓말로 조작하고 선정적으로 다룬 질 낮은 저널리즘의 산물입니다. 제가 미국에서 산 지 2년이 되어 갑니다. 저는 폴크 기자의 날조에도 불구하고, 미국인들이 진실, 즉 한국인이 갱단의 좀도둑이 아니라는 사실을 깨닫게 될 것이라고 굳게 믿습니다.

폴크 기자는 한국인이 '모든 것이 전쟁 때문이며, 사람들은 손에 잡히는 것은 무엇이든 일단 잡고 싶어 한다'며 책임을 환경 탓으로 돌리고 있다고 말합니다. 그러나 바로 이러한 환경하에서 한국인들은 적극적으로 공산주의에 맞서 싸우고, 민주주의를 수호하기 위한 전쟁을 치르며, 더 정직하고 떳떳한 국민으로서 한국인의 민족정신과 공동의식을 견지해 왔습니다. 전쟁으로 인해 부당한 이득을 취한 사람은 폴크 기자와 같은 수준을 가진 사람들뿐입니다.

저는 한 미군이 한국인에게 어떤 흉악한 일에 협력할 것을 요구했는지 알고 있습니다. 미군이 도둑질뿐 아니라 살인, 강간, 갈취, 절도를 한 사례도 알고 있습니다. 이 일들 중 기사화되어 신문에 실린 것은 거의 없다시피 합니다. 어느 사회에나 불완전성이 존재합니다. 정직성은 절도 같은 작은 요소를 폭로함으로써 만들어지는 게 아니라 환대, 예의, 정직, 도움과 같은 긍정적인 요소를 널리 드러냄으로써 발현될 수 있음을 이해하는 것은 어렵지 않습니다. 한국인은 미군 병사가 몇 가지 비행을 저질렀다고 해서 미군 전체를 비난하지 않습니다. 그들에게 받은 도움을 고마워합니다. 우리는 단지 미국 대중과 언론인들이 무엇이 됐던 우리가 제공한 지원에 감사하는 마음을 갖길 원합니다. 악한 요소는 선한 요소의 증식으로 치유될 수 있습니다.

이런 식의 부정적인 선전과 악습을 지적하는 행위는 악을 증폭시키려는 공산주의자들의 음모와 다를 바 없습니다. 당신들은 왜 '탐욕스러운 월스트리트의 금권주의자들'이라고 비난받고 있습니까? 당신이 실제 그렇기 때문이 아니라 공산주의자들이 당신이 그렇게 되기를 바라기 때문입니다. 폴크 기자는 우리를 절도범이라고 부르면서 우리 모두가 절도범이 되기를 바라는 것입니까?

조국에 대한 긍지를 가진 한국인으로서 우리 강토를 '도둑의 소굴'이라고 한 폴크 기자의 기사를 무시하기를 여러분께 호소합니다. 우리 모두가 어떤 대의를 위해 싸우고 있으며, 균열이나 반목 없이 연합국으로 싸울 때 더 잘 싸울 수 있다는 사실을 폴크 기자가 깨닫지 못하고 있다는 사실을 유감으로 생각합니다. 한국인들은 민주주의 이념을 지키기 위해 피와 눈물로써 싸워야 했습니다. 우리는 빈곤과 굶주림 그리고 강압의 고통을 견뎌야 했습니다. 우리의 아들딸과 강토의 절반을 잃어버리고도 참아야 했습니다. 우리는 공산주의자들의 비난의 채찍질도 감수해야 했습니다. 폴크 기자님! 우리가 당신의 '민주적인' 비판으로부터 벗어나게 해 주시기 바랍니다.

『보스턴 글로브』 1957년 7월 15일 자

반박문과 관련한 특집 기사
「한국 학생 나나통신의 '도둑' 기사 반박」
[보스턴 글로브 1957년 8월 1일 자]

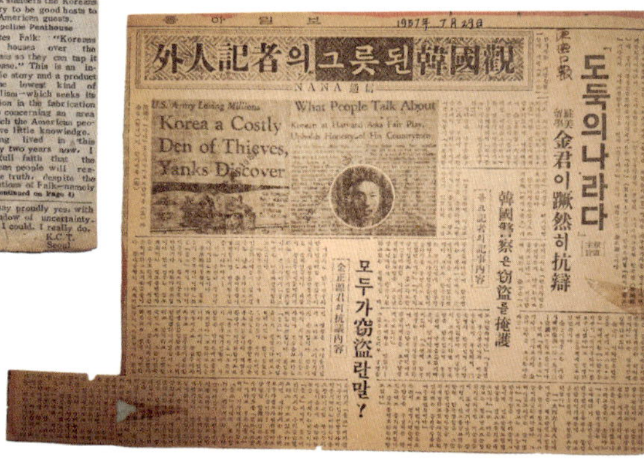

「외인기자의 그릇된 한국관」 기사 [동아일보 1957년 7월 29일 자]

이 반박문은 한국에 대한 논쟁으로 『보스턴 글로브』를 달아오르게 했다. 한 미군은 자신이 한국에서 15개월 동안 활동했지만 한 번도 절도 피해를 당한 적이 없다고 주장했다. 이러한 투고가 이어지자, 신문사는 8월 초에 폴크 기자와 나의 반박문에 대한 찬반 투고를 모아 해당 기사가 '한국에 대한 진정한 명예훼손pure slander인지 아닌지'를 비중 있게 다루었다. 이 코너에 나의 사진까지 나와서인지 만나는 사람들마다 나와 한국을 응원해 줬다.

'절도와 사고는 한국뿐만 아니라 어디서든 일어나고 있다.'

'시카고에 조직 폭력배들이 있다고 미국을 도둑의 나라라고 말할 수 없는 것처럼, 송유관 절도 사건이 일어났다고 한국을 도둑의 나라라고 말해서는 안 된다.'

'미국 대통령이 갱단을 옹호하지 하지 않는 것처럼, 한국 대통령도 절도를 묵인하지는 않을 것이다.'

이 사건이 한국에 알려지면서 한국 언론은 '외국인 기자가 한국은 도둑의 소굴이라는 기사를 발표했고, 이 해괴한 처사에 대해 미국 유학 중인 한국인 학생이 결연히 그 기자의 그릇된 한국관에 항의의 필봉을 들었다'며 뜨거운 관심을 보였다. 전국의 언론들이 연일 특별 기사, 논설, 칼럼을 내보냈다.

돌이켜 보면 이러한 행동이 내 운명의 방향을 바꾸었다. 얼마 후 양유찬 주미 한국대사, 임병직 주유엔 대사, 교육부 장관, 국회 교육위원회 등으로부터 수많은 격려 전보와 편지를 받았다. 양유찬 대사는 경무대의 이승만 대통령도 이 사건에 주목하고 있다며 워싱턴을 꼭 방문해 달라고 부탁했다.

그해 8월 24일, 친구 김여수의 자동차를 빌려 워싱턴으로 향했다. 그날은 비가 내리고 안개가 짙었다. 뉴욕을 지나 뉴저지 고속도로에 이르렀을 때였다. 뉴저지 턴파이크의 13번 출구 근처에서 앞서가던 차들이 추돌하는 사고가 일어났다. 그 차들과 부딪치지 않으려고 핸들을 꺾었는데 차가 미끄러지면서 세 바퀴를 돌고는 앞선 차와 충돌했다.

두개골과 척추, 어깨에 골절을 입고 일주일 동안 혼수상태에 빠졌다. 눈을 떠 보니 엘리자베스병원 병실이었다. 눈앞에 어머니와 동생 창원이 서 있었다. 내 사고 소식이 한국에 알려지면서 이승만 대통령의 특별 배려로 여권을 발급받아 한달음에 달려온 것이다. 동생 창원은 그때 연세대 영문학과를 다니고 있었는데 통역 겸 가이드 역할로 어머니를 모시고 함께 왔다. 주한 미국대사관의 협조로 어머니와 동생이 미국 비자를 받았다. 월터 C. 다울링 주한 미국대사의 아들이 하버드대에 다니고 있어 같은 부모 입장에서 우리 가족을 도왔던 것으로 생각된다. 어머니와 동생은 미국에 도착하자마자 뉴저지의 병원으로 직행해 내가 깨어나기를 기다리고 있었다고 했다.

눈을 뜨자마자 어머니와 동생이 서 있는 것을 보고 깜짝 놀라 "어머니, 왜 여기 계세요?"라고 물었다. 나도 모르게 나온 반응이었다. 어머니는 두고두고 이 말씀을 하셨다. 죽지 않고 살아 있다는 신호여서 너무나 반가웠지만 왜 왔냐고 추궁하는 듯해 내심 당황하고 섭섭하셨던 모양이다. 어머니는 내가 어디서 어떻게 교통사고를 당했는지 설명해 주셨다. 오른쪽 머리에는 지금도 커다란 상처가 남아 있다.

자동차 사고 소식을 접하고 미국에 온 동생 김창원과 어머니

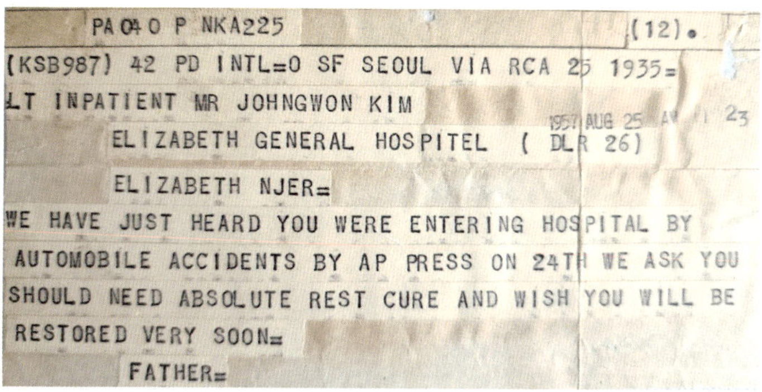

PA 040 P NKA225 (12).
(KSB987) 42 PD INTL=O SF SEOUL VIA RCA 25 1935=
LT INPATIENT MR JOHNGWON KIM
1957 AUG 25 AM 1 23
ELIZABETH GENERAL HOSPITEL (DLR 26)
ELIZABETH NJER=
WE HAVE JUST HEARD YOU WERE ENTERING HOSPITAL BY
AUTOMOBILE ACCIDENTS BY AP PRESS ON 24TH WE ASK YOU
SHOULD NEED ABSOLUTE REST CURE AND WISH YOU WILL BE
RESTORED VERY SOON=
FATHER=

교통사고 소식을 듣고 아버지가 한국에서 보내온 전보

머리가 어지러워 잘 걷지도 못하면서 병원에서 퇴원했다. 의사들은 학업을 계속하기는 불가능한 상태이므로 안정을 취하라고 했다. 극심한 두통에 시달렸지만 학교에서 공부하겠다는 의지를 불태웠다. 내 고집을 꺾지 못하고 어머니는 3주 후 서울로 돌아가셨다. 동생 창원이 남아서 나를 도와주기로 했다. 무더운 여름이었다. 창원은 나를 따라 케임브리지로 가서 도와주겠다고 했지만, 나는 그럴 수 없다고 생각했다. 동생이 이왕 미국에 왔으니 나는 나대로 자립을 하고 동생은 동생대로 학업을 이어 가는 게 좋겠다고 판단했다. 학교는 9월이 돼야 개강하기 때문에 기숙사도 9월에 문을 열었다. 일단 뉴욕으로 갔다. 펜실베이니아대에 다니고 있던 경기고등학교 동창 김관봉도 내 사고 소식을 듣고 필라델피아에서 뉴욕까지 문병을 왔다.

몸 상태가 좋지 않아 오랫동안 앉아 있을 수도 없었다. 지금 생각해 보면 그때 충분히 쉬면서 몸이 회복되길 기다렸어야 했다. 나는 수업에 참석하면서 강의를 듣고 공부하는 것이 미국에 온 목적을 달성하는 방법이라고 굳게 믿었다. 학교에서 장학금을 받고 있었기에 그것 없이는 미국에서 생활할 수가 없었다. 공부하려고 미국에 왔는데 학업을 중단하는 것은 그 자체로 엄청난 압박이었다.

2학년을 마치고 뉴욕에 와서 병원을 다니면서 치료받기 시작했다. 당시 몇 분의 한국 의사가 뉴욕에 있어 그분들을 찾아다니며 조언을 구했다. 가만히 있으면서 뇌 손상이 복구될 때까지 쉬는 것이 가장 안전한 방법이라고 권유했다. 열심히 병원을 다니면서 시간을 보냈다. 9월이 됐지만 하버드대에 복학할 수 있는 상태까지 회복하지 못했다.

Part 3

Cherished Connections That Became the Compass of Life

인생의 나침반이 되어 준 소중한 인연

1958~1970

캐롤린을 만나고
딸이 태어난 뉴욕

나는 뉴욕의 조그마한 원룸에서 혼자 투병 생활을 이어갔다. 어지럼증 때문에 스스로 일어나는 것도 힘든데 식사까지 챙겨야 했다. 병원에서는 모든 상처가 아물 때까지 가만히 누워 요양하라고 했다. 당시에는 뉴욕에 한인이 많지 않아 한국 유학생들은 서로에게 매우 반가운 존재였다. 그때 우연히 알게 된 버나드대Barnard College의 한 한국인 여학생이 자신의 기숙사 친구인 캐롤린 캠벨Carolyn Campbell을 소개해 줬다. 캐롤린은 버나드대에서 철학을 전공하던 1학년 학생이었다. 자신의 기숙사에서 내 아파트까지 걸어서 10분 이내라며 도움이 필요하면 언제든 도와주겠다고 했다. 그 후로 자주 전화를 걸어 안부를 묻고 시장을 봐 주기도 했다. 투병 중인 상황이었으므로 캐롤린의 도움이 참 고마웠다.

캐롤린은 스코틀랜드계 미국인으로, 선조가 미국 노스캐롤라이나주에 정착해 10세대를 이어 온 캠벨 가의 셋째였다. 캐롤린의 아버지 게리 캠벨Gary Campbell은 플로리다주 폼파노비치 시장이었다. 변호사로 활동하다 인디애나주 국세청장까지 지낸 분으로 55세에 은퇴하고서도 변호사로 일하면서 선거에 나가 폼파노비치 시장으로 당선됐다. 2남 2녀를 뒀는데 큰아들이자 캐롤린의 큰오빠 존John은 하버드대 영문학과 졸업반이었다. 나는 존과 같은 기숙사에 있어 서로 안면이 있었다. 둘째 아들 돈Don은 군인이었다. 캐롤린이 장녀였고 막내딸은 고등학생이었다. 어머니는 전업주부로 대공황을 겪은 분이라 근검절약이 몸에 밴 원칙주의자였다. 당시 캐롤린의 부모님은 학비와 유학 비용을 절감할 수 있는 플로리다주 소재의 대학으로 전학할 것을 권유했지만 플로리다주에서 살고 싶지 않았던 캐롤린은 버나드대에 남았다. 여름방학 때는 메인주에서 아르바이트를 하면서 내게 자주 편지를 보내왔다.

9월에 뉴욕으로 돌아온 캐롤린은 부모님께 자신은 계속 뉴욕에 머무르겠다고 선언했다. 학비를 어떻게 조달할 거냐고 물었더니 일하면서 공부를 계속할 거라고 답했다. 그리고 내게 청혼했다. 내가 아파서 활동하기 힘드니까 자신이 돕겠다며 결혼하자고 한 것이다. 캐롤린의 부모님은 결혼을 만류하기 위해 경제적 지원을 중단했다. 캐롤린은 학교에 다니지 않아도 좋다며 결혼에 대한 뜻을 굽히지 않았다.

우리는 1960년 맨해튼에 있는 한인 교회에서 결혼식을 올렸다. 참석자는 나, 캐롤린, 동생 창원, 캐롤린의 오빠 존, 목사님 이렇게 다섯 명이었다. 그야말로 증인들만 참석한 조촐한 결혼식이었다. 캐롤린의 어머니는 격렬하게 반대했다. 대학도 졸업하지 않고 학생 신분으로 결혼한다는 것도 그렇지만 한국인과 결혼한다는 사실도 탐탁지 않게 여겼다. 학업도 중단하고 아픈 유학생과 결혼하겠다는 것을 쉽게 허락할 부모가 어디 있겠는가. 캐롤린의 어머니는 우리의 결혼을 막기 위해 미국 정부에 나를 추방해 달라는 편지를 쓰기까지 했다. 어머니의 이런 행동 때문에 캐롤린이 더 강하게 나를 보호해야겠다는 생각을 하게 됐는지도 모르겠다. 사실 우리 집안에서도 장남이 외국인과 결혼한다는 것을 흔쾌히 받아들이지는 못했지만 결혼한다는 소식을 전하자 한복과 금반지를 보내 주셨다. 부모님의 후원이 끊기자 캐롤린은 고졸 신분으로 전화국에 취직해 돈을 벌었다. 그 돈은 우리의 생활비가 됐다.

1961년 뉴욕 코넬대병원에서 딸이 태어났다. 내 나이 25세 때다. 딸의 미국 이름을 '엘리자베스Elizabeth'라고 지었다. 이유는 두 가지다. 하나는 영국의 엘리자베스 여왕에서 따온 것인데 내 딸도 다양한 언어를 구사하고 문학과 역사에 조예가 깊었던 엘리자베스 여왕처럼 총명한 사람으로 컸으면 하는 바람이었다. 또 하나는 내가 교통사고를 당한 곳이 뉴저지주 엘리자베스 고속도로였기 때문이다. 그 사고로 인해 캐롤린을 만났고 일생의 전환점이 됐다. 또 그렇게 큰 사고를 당하고도 죽지 않고 살아남았

부모님이 결혼 선물로 한국에서 보내온
한복을 입을 캐롤린 (위)

딸의 탄생을 축하하며 한국에서 보내온
한복을 입고 찍은 가족사진 (가운데)

아내와 딸이 한복을 입고 새해를 맞이하는
전통을 지켜 온 모습 (아래)

미국 잡지 『Think』가 외국인 유학생 실태를 취재한 특별 기사에서
컬럼비아대 재학생 김정원을 인터뷰한 사진 ⓒ 대한민국역사박물관

다. 이 모든 의미를 담아 딸의 이름을 엘리자베스로 정했다. 한국 이름은 '미리美理'라고 지었다. 예쁘고 이성적인 사람으로 자라나라는 뜻을 담은 이름이다.

우리는 주말이면 근처 공원에 가서 시간을 보내곤 했다. 엘리자베스가 태어난 뒤 플로리다주에 있는 처갓집을 방문하기도 했다. 한국에 딸의 출생 소식을 알리자 부모님이 한복을 보내 주셨다. 캐롤린은 출산 후 잠시 쉬었다가 컬럼비아대 지질학과 교수의 비서로 취직했다. 가난했던 우리는 아기용 침대를 살 수 없어 셋이 같은 침대에서 잤다. 아기가 울면 출근해야 하는 캐롤린 대신 내가 일어나 아기를 배에다 올려놓고 자곤 했다. 낮 시간 동안에는 빅터 차 교수의 어머니에게 딸을 맡기고 일하러 갔다.

뉴욕에 머물며 치료받았던 병원이 컬럼비아대• 근처에 있었다. 그래서 뉴욕 컬럼비아대 입학처장인 콜먼을 찾아갔다. 그분은 비행기 옆자리에 앉았던 컬럼비아대 로스쿨 학생 조 조지프슨의 건의로 필립스 엑서터 아카데미에 있는 나를 면담하고 구두로 장학금을 약속한 적이 있었다. 그를 찾아가 장학금을 받을 수 있는지 물어봤다. 그는 내가 몸이 아픈 상태라 풀타임으로 공부할 수 없기 때문에 장학금을 줄 수 없다고 했다. 한 과목씩 수강하고 컨디션을 봐 가면서 공부하라고 조언했다. 한 학기에 한 과목, 두 번째 학기에는 두 과목 이런 식으로 몸 상태에 따라 학업을 이어 가며 여름학기까지 다닌 끝에 1962년 컬럼비아대를 졸업할 수 있었다.

• 컬럼비아대학교(Columbia University in the City of New York)는 미국 뉴욕 맨해튼에 위치한 아이비리그 대학이다. 1754년 영국 국왕 조지 2세의 칙허장에 의해 킹스 칼리지(King's College)로 처음 설립됐으며 미국 독립 후에는 미국의 옛 이름인 컬럼비아를 차용해 1784년 컬럼비아 칼리지(Columbia College)로, 1896년 컬럼비아대학교로 명칭을 바꾸었다. 다른 아이비리그 대학과는 달리 세계에서 가장 번화한 대도시인 뉴욕 한 가운데 캠퍼스가 있어서 학생들은 유엔본부, 월스트리트, 주요 언론사, 박물관, 미술관, 음악센터 등의 문화적 인프라를 향유할 수 있다. 지금까지 졸업생과 교수진 포함 100명이 넘는 노벨상 수상자를 배출했다.

헬싱키 세계청년학생축제에 미국 대표로 간 한국인

1962년 여름, 우리 부부는 핀란드 헬싱키에서 열린 제8회 세계청년학생축제WFYS, World Festival of Youth and Students에 미국 대표로 참가했다. 하버드대 학생 대표로 있었던 게 계기가 돼 행사에 초대받았다. 축제에 참가하고자 137개국에서 수만 명이 몰려들었다. 이때 같이 미국 대표로 갔던 이들이 글로리아 스타이넘Gloria Steinem, 데니스 샤울Dennis Shaul 등이다.

먼저 영국 런던으로 향했다. 런던에서 캐롤린 선조의 고향인 스코틀랜드를 방문했는데 기차에서 인종차별을 당했다. 표를 검사하는 과정에서 검표원이 내게 어디서 왔느냐, 어느 나라 사람이냐고 꼬치꼬치 물었다. 나는 "뉴욕에서 온 한국인"이라고 대답했다. 그러자 검표원이 "당신은 여기 앉을 자격이 없다. 캐롤린은 여기 앉아도 되지만 당신은 뒤 칸으로 가라"라고 말했다. 캐롤린이 나서서 우리는 부부이고 돈을 내고 같이 탔는데 미국인은 여기 앉고 한국인은 뒤에 가서 앉아야 하느냐며 문제를 제기했다. 경찰이 우리를 쫓아내기 전에는 절대로 가지 않겠다고 주장했다. 미국에서는 한 번도 당해 본 적이 없던 인종차별을 그때 처음으로 겪었다.

스코틀랜드를 여행한 다음 다시 런던으로 돌아와 배를 타고 프랑스에 도착한 뒤 기차를 갈아타고 덴마크를 거쳐 핀란드까지 갔다. **전 세계 청년 학생들이 모인 세계청년학생축제는 핀란드의 국가적인 행사로 치러졌다.** 미국 대표인 우리는 미국의 민주주의에 대해 연설했다. 비틀스의 음반이나 책을 참석자들에게 나눠 주면서 자유민주주의를 전파하려고 애썼다. 나는 미국 대표 자격이었지만 태극기를 가지고 행사에 참가했다.

행사가 끝나고 스웨덴 스톡홀름에 스케이트를 사러가

기도 하고 노르웨이 오슬로에도 들렀다. 스케이트 선수였던 내게는 중요한 일이었다. 덴마크, 벨기에, 스위스까지 캐롤린과 함께 여행을 했다. 이후 캐롤린은 공산주의 국가를 직접 눈으로 보겠다며 친구 한 명과 함께 체코로 갔다. 체코의 아름다운 풍경과 예술작품을 감상하기 위해서였다. 캐롤린은 철학을 전공했고 역사에 관심이 많았다. 나는 이탈리아, 그리스, 스페인 등 남유럽을 여행했다. 프랑스 파리에서 다시 캐롤린을 만나 미국으로 돌아왔다. 신혼여행을 갈 형편이 못 됐던 우리에게 그 여행은 잊을 수 없는 추억으로 남았다. 여행에서 돌아온 뒤 캐롤린은 컬럼비아대에서 지질학과 교수의 비서로 계속 일했다.

은행가를 포기하고 진학한 존스홉킨스대

대학을 졸업하자마자 하버드대나 존스홉킨스대 국제관계대학원Johns Hopkins School of Advanced International Studies에 진학할 계획이었다. 입학 원서를 넣으려면 컬럼비아대 성적증명서를 내야 하는데 대학본부에서 학교에 미납한 금액 200달러가 있다며 증명서를 발급해 주지 않아 결국 입학 시기를 놓쳤다. 건강이 조금씩 나아지고 있어 이참에 취업을 하기로 마음먹었다. 직장을 구해야 하는데 아는 사람이 없었다. 그러던 중 잡지 『필립스 엑서터 불레틴The Phillips Exeter Bulletin』의 '졸업생 동정' 코너에 리스 해리스Reese Harris 뉴욕 하노버은행 부총재 소식이 실린 것을 보게 됐다. 무작정 하노버은행에 전화를 걸어 필립스 엑서터 아카데미 후배인데 가서 인사드리고 싶다고 말했다. 비서가 약속 시간과 장소를 알려 줬다. 그를 만나 학교 얘기를 하다가 1956년 졸업생이라고 했더니 자신의 아들도 그때 그 학교를 다녔다며 반가워했다. 함께 점심을 먹고 나를 인사과에 데리고 가 인턴으로 채용해 보라고 추천해 주셨다. 입사 원서를 제출하고 3~4일 후 합격했으니 출근하라는 전화가 왔다. 당시 하노버은행이 다른 은행과 합병돼 월가에 있던 은행 본점이 파크 애비뉴 53가 건물로 옮겨 갔다. 나는 국제과에 배정받았다.

1963년 7월, 해리스 부총재를 다시 만났다. **"그동안 베풀어 주신 은혜는 감사하지만, 아무리 생각해도 은행가보다는 정치학자가 되고 싶다"라며 존스홉킨스대 국제관계대학원•SAIS에 합격했다는 소식을 전했다.** 해리스 부총재는 "경제적인 문제는 어떻게 해결하려 하느냐"라고 물었다. 나는 "일단 가서 일하면서 공부해 보려고 한다"라고 답했다. 그는 내일 다시 만나자고 했다. 다음 날 점심 때 지난밤 부인과 이야기를 나눴다며 등록금이 얼마나 되는지 물었다. 등록금은 1,800달러쯤 됐다. 당시 은행에서 받는 월급이 한 달에 300달러였으니 여섯 달 치 월급을 한 푼도 쓰지 않아야 모을 수 있는 돈이었다. 그는 등록금을 빌려줄 테니 나중에 돈을 벌어 갚으라고 했다. 이자는 없다면서….

그의 따뜻한 도움으로 나는 워싱턴으로, 대학으로 돌아갈 수 있었다. 당시 입학 원서를 너무 늦게 내는 바람에 존스홉킨스대에서 장학금을 받지 못해 걱정을 하고 있었는데 친구 아버지이자 직장 상사였던 해리스 부총재의 도움으로 새로운 미래가 열리게 됐다.

• 존스홉킨스대 국제관계대학원(School of Advanced International Studies, SAIS)은 1943년 군비 통제 전문가인 폴 니츠(Paul H. Nitze)와 정치인 크리스티안 허터(Christian A. Herter)가 제2차 세계대전 이후 미국과 세계가 직면하게 될 문제를 해결하기 위한 차세대 지도자를 양성하고자 설립했다. 존스홉킨스대학 본교는 메릴랜드주 볼티모어에 있지만 국제관계대학원은 미국 외교 정책의 심장부인 수도 워싱턴 D.C.에 둥지를 틀었다. 학문적이면서도 실용적인 커리큘럼, 다학제적 교육 등으로 미국 외교관을 양성하는 요람 역할을 하고 있다.

폴 라인바거 교수와 함께 더욱 깊어진 국제정치학 연구

1963년 9월, 존스홉킨스대 국제관계대학원에 입학하면서 폴 M. A. 라인바거Paul M. A. Linebarger 교수를 만났다. 우리의 인연은 내가 '아시아에서의 미국 외교정책American's Foreign Policy in Asia'이라는 과목을 수강하면서 시작됐다. 라인바거 교수는 학자이기 이전에 코드웨이너 스미스Cordwainer Smith라는 필명으로 활동하는 저명한 공상과학SF 소설가였고, 유년 시절을 중국에서 보낸 중국 전문가였다. 제2차 세계대전 이후 미국의 심리전을 연구한 브레인으로 존 F. 케네디John F. Kennedy 대통령의 외교안보 자문을 맡았다. 그의 아버지는 변호사이자 정치 활동가로 중국

혁명 지도자인 쑨원孫文의 자문에 응하고, 쑨원은 라인바거 교수의 대부가 될 정도로 절친한 관계였다.

존스홉킨스대에 진학하며 등록금은 해결했지만 생활비를 벌어야 하는 상황이었다. 캐롤린은 존스홉킨스대 건너편에 있는 사회과학연구소인 브루킹스연구소Brookings Institution에 조교로 취직해 3년간 일했다. 나는 라인바거 교수가 연구조교Research Assiatant를 제안해 무사히 국제정치학자의 길을 걸을 수 있게 됐다. 석사과정 중 강사로 임명돼 대학원 2년 차에 1학년 학생을 가르쳤다. 2년간 '넓고 넓은 세계Wide Wide World'라는 과목을 강의했다. 국제 위기international crisis를 다루는 과목이었다. 아이오와주 하원의원을 지낸 제임스 리치도 당시 내가 가르친 학생이었다. 그 인연으로 학교를 졸업한 뒤에도 같이 축구를 하며 오랫동안 좋은 관계를 유지했다. 그래서인지 그는 워싱턴의 대표적인 지한파 인사로 알려져 있다.

이 시기에는 나는 브루킹스연구소, 워싱턴 외교정책연구소 연구원으로도 활약하며 한국을 비롯해 이집트, 시리아, 태국, 파키스탄 등에서 발생한 쿠데타를 연구했

다. 베트남전이 한창인 시기여서 미 국방부에서는 베트남 내 소수민족들의 정치 발전, 생활, 관념, 풍속 등을 분석했다. 라인바거 교수는 『올해의 브리태니커 1965Britannica Book of the Year 1965』 중 베트남 부분을 맡아 달라는 요청을 받자 내게 공동 집필을 제안했고, 우리 두 사람의 이름이 나란히 실리게 됐다. 그는 1828년에 만들어진 미국평화협회The American Peace Society 회원으로, 이 단체에서 발행하는 세계적인 저널 『월드 어페어스World Affairs』 편집위원으로 활동하고 있었다. 라인바거 교수는 내게 한국이 베트남전쟁에 참전한 내용을 논문으로 작성해 발표하라고 권했고 「한국의 베트남전 참전Korean Participation in the Vietnam War」이라는 제목의 논문이 1966년 4월호에 게재됐다.

라인바거 교수는 첫 번째 부인과 이혼한 뒤 재혼했는데 둘 사이에는 자녀가 없었다. 어린 시절을 중국에서 보낸 그는 틈틈이 내가 살고 있는 체비 체이스 서클Chevy Chase Circle에 있는 차이니즈 레스토랑에 와서 우리 부부와 함께 식사를 했고, 국제정치와 자신이 경험했던 드라마틱한 일화를 들려줬다. 내가 석사과정을 마치고 박사 논문을 쓰기 위한 시험을 볼 무렵 그의 건강이 악화됐다. 라인바거 교수는 볼티모어에 있는 존스홉킨스대병원에 입원했다. 당시 그의 아내는 운전을 못 했고, 자식과도 멀리 떨어져 있어 내가 1학기 동안 워싱턴에 있는 라인바거 교수의 집과 병원을 오가며 필요한 물건들을 조달하고 간병을 도왔다. 학교 수업을 마치면 작은 폭스바겐을 타고 왕복 두 시간이 걸리는 볼티모어 병원에 가서 그를 만났다. 몸은 힘들었지만 그렇게라도 도울 수 있어 다행이었다. 이 이야기가 학교에 알려지면서 많은 사람에게 칭찬을 받았다. 1966년 8월, 53세라는 젊은 나이로 라인바거 교수가 세상을 떠나면서 나는 박사 학위 논문 지도교수를 갑자기 잃게 됐다.

학계에서는 박사 논문을 쓰다가 중도에 지도교수가 돌아가시면 다른 교수들이 논문 지도를 해 주는 것을 꺼린다. 다행스럽게도 내가 라인바거 교수를 간병하면서 보여 준 행동에 감동한 윌리엄 C. 존스톤William C. Johnstone 교수가 지도교수를 맡아 주어 무사히 학위를 받을 수 있었다. 사실 라인바거 교수와 존스톤 교수는 존스홉킨스대 국제관계대학원의 아시아 전공 교수들 가운데 양대 축을 형성하는 라이벌 관계였다. 라인바거 교수는 한국, 중국, 대만 등 동북아시아를 연구했고, 존스톤 교수는 동남아시아를 연구했다.

존스톤 교수는 동남아 외교정책 전문가로 하버드대 출판부에서 『버마의 외교정책Burma's Foreign Policy』이라는 책을 출간했는데 지금까지 버마(현 미얀마) 관련 학위 논문의 주요 참고문헌으로 인용된다. 그는 미얀마 양곤대와 제휴해 연구센터를 만들어 연구를 하고 학생들을 보내 교육시키는 등 불모지나 다름없었던 미얀마 연구를 꿋꿋하게 이어 나간 학자였다. 박사 논문을 쓰던 중 만난 존스톤 교수는 학자적 입장에서, 국제정치학 측면에서 내 논문을 평가하고 박사 논문 위원회에서 무난히 통과되도록 지도해 줬다.

1967년 나의 박사 학위 논문 주제는 「정치 발전에 있어서 지도자의 역할에 대한 비교 연구: 한국의 이승만과 북한의 김일성A Comparative Study of the Role of a Leader in the Political Development: Syngman Rhee in South Korea and Kim Il-sung in North Korea**」이**

었다. 이 논문을 쓰기 위해 워싱턴에서 수많은 한국학 자료를 수집했고 평생 소중히 간직해 왔다. 대한민국 건국의 아버지 이승만 대통령과 북한의 김일성을 학문적으로 조명할 수 있는 기회였다.

가족을 거느리고 공부를 하다 보니 전액 장학금을 받지 않으면 학업을 계속할 수 없었다. 의회도서관 국방 분야 아시아 담당 분석관으로도 일하며 쉴 틈 없이 공부하던 시절이었지만 워싱턴 지방 한국학생회에도 참여했다.

1967년 박사학위를 받자마자 호바트 앤드 윌리엄 스미스 칼리지Hobart and William Smith Colleges 정치학과 조교수로 임명돼 국제정치학을 가르쳤다. 캐롤린은 전업주부가 됐다가 버나드대에 복학해 학업을 마쳤다. 쭉 공부를 했더라면 1963년에 학사 학위를 받았을 텐데 1970년이 돼서야 졸업장을 받은 것이다.

1968년 나는 뉴욕에 있는 핀치대Finch College 부교수로 자리를 옮겼다. 당시 『뉴욕타임스 선데이매거진』이 지식인들에게 상당한 영향력이 있었는데, 거기서 북한에 대한 글을 써 달라는 요청을 받고 칼럼니스트로도 이름을 알리게 됐다. 컬럼비아대 공산권문제연구소Institute of Communist Affairs의 연구소장인 즈비그뉴 브레진스키Zbigniew Brzezinski 교수와도 논문과 칼럼 덕분에 함께 일하게 됐다. 이어 뉴저지주 주립대인 럿거스대Rutgers University 부교수로 임명돼 연구 생활에 묻혀 지내는 나날이 계속됐다.

1970년 즈비그뉴 브레진스키 교수와 함께

존스홉킨스대 국제관계대학원 재학 중 폴 M. A. 라인바거 교수와 함께

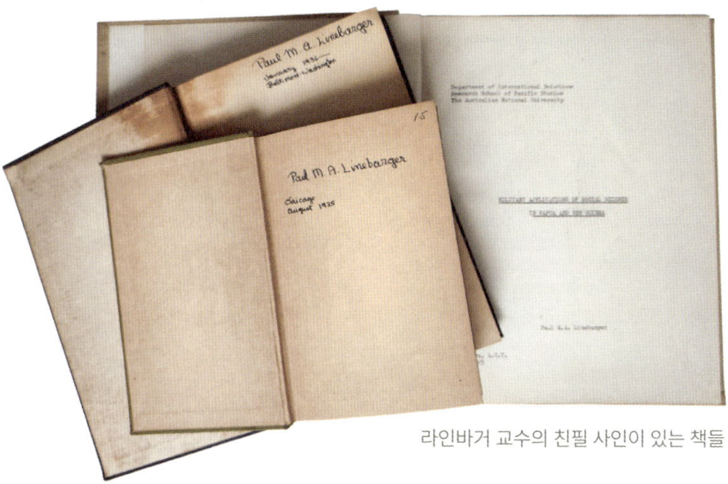

라인바거 교수의 친필 사인이 있는 책들

Part 4

Bridging Korea and the World as a Scholar and Lawyer

한국과 세계를 잇는
학자이자 변호사

1968~1986

13년 만에 돌아온 한국

1968년 한국 통일원 주최 국제정치 세미나에 연사로 참석하게 되면서 13년 만에 한국 땅을 다시 밟았다. 정일권 국무총리의 전국 시찰 여행에도 동행하게 됐는데, 정 총리와는 그가 주미대사로 있을 때 미국에서 개최된 여러 모임에 함께 참석해 안면이 있었다. 제주도에서는 서귀포 호텔에 머무르며 많은 대화를 나눴다. 국무총리 만찬에는 박경원 내무부 장관, 홍성철 비서실장, 이석제 총무처 장관 등이 참석했다. 뜻밖에 만찬 석상에 윌리엄 포터William Porter 주한 미국대사도 참석했다. 만찬 테이블에서 정 총리가 "김 박사, 미국에서 공부를 오래 했으니 한국에 돌아와 국가를 위해 봉사하시는 게 좋지 않겠습니까?"라고 말을 건넸다. 농담으로 생각했는데 국무총리 특별보좌관으로 임명하고 싶다고 했다. 당시 특별보좌관이었던 박정수(훗날 외교통상부 장관 역임)의 자리가 났다면서 귀국을 제안했다. 포터 대사도 옆에서 거들었다. 아내 역시 좋은 생각 같다며 격려해 줬다. 국무총리 특별보좌관에 임명되고 사무실까지 준비해 줬다. 얼떨결에 임명장을 받았다.

뉴욕에 짐을 싸러 돌아갔는데 당시 근무하던 두 곳을 정리해야 했다. 핀치대 부교수 자리와 컬럼비아대 공산권 문제연구소의 연구원 직책 모두 사표를 써야 하는 상황이었다. 그런데 핀치대에서 후임을 급히 구하는 게 불가능하다며 난색을 표하는 바람에 한국에 사정을 알리고 특보직을 고사했다.

1969년에는 『포린 어페어스Foreign Affairs』로부터 10월호에 북한 관련 글을 써 달라는 청탁을 받고 「북한의 공세North Korea's New Offensive」라는 제목의 원고를 보냈다. 한반도 상황을 미국인들에게 알리는 좋은 기회였다. 연구소에서 책을 읽고 연구하는 나날이 계속됐다. 곳곳에서 원고 청

1968년 국무총리실에서 정일권 총리와 담소를 나누는 모습

1969년 10월호 『포린 어페어스』
ⓒ 대한민국역사박물관

탁을 받고 논문도 썼다. 버클리대에서 발행한 『아시안 서베이Asian Survey』도 그중 하나다.

1992년 즈음에 그동안의 논문과 기고문을 묶어 『격동기의 한국』이라는 제목으로 책을 출간했다. 그때 고병철 일리노이대 교수에게 추천사를 부탁했더니 이런 글을 보내 주셨다. "그의 업적 중에서 특히 지적하고 싶은 부분은 미국에서 발행되는 가장 권위 있는 잡지인 『뉴욕타임스 매거진New York Time Magazine』, 계간지 『포린 어페어스』, 학술지 『월드 폴리틱스World Politics』에 모두 글을 발표했다는 것이다. 이는 재미 교포 학자 중 오직 김정원 박사만이 성취한 그랜드슬램이다…." 과분한 추천사였다. 생각해 보니 그때 『포린 어페어스』의 그 논문이 한국인 최초라고 했던 기억이 났다. 지금이야 수많은 학자가 해외 유수 저널에 다양한 논문을 기고하고 있지만 그때 그 시절에는 그 벽을 뚫는 게 그리 쉬운 일은 아니었다.

하버드 로스쿨의 제롬 코언 교수

주말에는 필립스 엑서터 아카데미, 하버드대 동창생들과 만나 센트럴파크에서 축구를 했다. 축구가 끝나면 다 같이 매디슨 애비뉴 79가에 있는 매디슨 펍에서 맥주를 마셨다. 내 친구 중 다섯 명은 로스쿨을 졸업하고 변호사로 일하고 있었다. 대화를 하다가 법률, 소송 사례 이야기가 나오면 알아들을 수 없어 답답한 마음이 들었다.

그 무렵 파티에서 조지 W. 볼George Wildman Ball 국무부 차관을 만났다. 그는 한·미 간 교역이 증가하고 미국 사업가들이 한국에 투자하는 경우가 늘어나고 있는데 미국의 주식회사법, 투자법 등을 알고 있는 한국 변호사가 없다고 말했다. 그러면서 내게 정치학 교수이지만 법학을 해 볼 용의가 없느냐고 물었다. 그 조언이 뇌리에서 사라지지 않았다. 한국에 돌아가 일을 할 때 미국을 상대하려면 법적 지식이 필요하다는 생각이 들었다. 결국 로스쿨에 가야겠다는 생각을 굳히게 됐다.

1969년 하버드대 로스쿨에 입학 원서를 냈다. 다음해에 인터뷰를 하러 오라는 연락을 받고 오랜만에 하버드대 교정을 다시 찾았다. 내가 앞으로 오랜 인연을 맺게 될 제롬 A. 코언Jerome A. Cohen 교수를 처음 만난 것이 이때였다. 법대 입학처에서 만난 그는 호리호리한 체구의 친절한 젊은 교수로 지적인 이미지가 강했다. 공식적인 인터뷰를 마친 뒤 교수 연구실로 자리를 옮겨 이야기를 나눴다. 첫 만남이었지만 아시아에 대한 이해도가 매우 높고 박력도 있어 나와 잘 맞는 사람이라는 생각이 들었다. 나는 법대 합격증을 받아 케임브리지로 이사를 했다. 그렇게 나는 교수라는 신분을 버리고 다시 학생이 됐다.

코언 교수의 고향은 공교롭게도 내가 교통사고를 당했던 뉴저지주 엘리자베스타운이었다. 코언 교수는 그 지역 법무관의 아들로 태어나 예일대를 우수한 성적으로 졸업한 수재였다. 내가 미국에 유학을 간 1955년에 그는 예일대 로스쿨을 졸업했다. 버클리대 로스쿨 교수를 거쳐 1964년부터 하버드대 로스쿨에서 교편을 잡았다.

내가 로스쿨에 입학했을 때 코언 교수는 하버드대 로스쿨 안에서 동아시아 법학연구소East Asian Legal Studies를 운영 중인 미국 최고의 중국법, 아시아법 전문가였다. 코언 교수를 그렇게 만든 데는 그의 예일대 동창이자 한국전쟁에 참전해 CIA 작전 수행 중 중국에 포로로 잡혀 20년 넘게 중국 감옥에서 복역한 존 T. 다우니John T. Downey의 미국 송환사건이 얽혀 있다. 코언 교수는 아시아에서 억압받고 있는 인사들을 위한 인권변호사로도 전방위적으로 활약했다.

정치인 김대중의 워싱턴 데뷔

김대중 의원은 1970년 대통령 후보가 됐을 때 미국의 정치인들을 만나려고 여러 번 시도했지만 여의치 않았다. 그는 영어를 못 했고 미국에 전혀 알려지지 않은 인물이었기 때문이다. 1971년 그가 나를 만나러 보스턴까지 와서 도와달라고 부탁했다. 나는 나와 가까웠던 에드윈 O. 라이샤워Edwin O. Reischauer 하버드대 교수, 윌리엄 P. 번디William P. Bundy 매사추세츠공과대MIT 교수(전 국무차관보), 존 K. 페어뱅크John King Fairbank 하버드대 교수, 제롬 A. 코언 교수를 만날 수 있도록 주선했다. 그리고 김 의원이 이들을 만나 한국의 정치 상황을 이야기할 때 직접 통역도 했다.

1971년 에드워드 M. 케네디 미 상원의원 집무실에서 접견을 기다리며 촬영한
사진. 왼쪽부터 제롬 A. 코언교수, 김대중 의원, 김정원 ⓒ 대통령기록관

또 워싱턴의 비중 있는 정치인을 만나고 싶다고 해서 코언 교수의 소개로 제임스 윌리엄 풀브라이트James William Fulbright 상원 외교위원장, 에드워드 M. 케네디Edward M. Kennedy 상원의원 등과 자리를 마련했다. 김 의원이 일주일간 메이플라워호텔에 머물면서 한국의 정치 상황을 설명할 때도 기꺼이 통역을 담당했다.

1971년 4월 일본 도쿄에서 발행되는 외교 전문지인 『퍼시픽 커뮤니티Pacific Community』에 「한국의 통일The Unification of Korea」이라는 논문을 발표했다. 남북한과 주변 4강(미·일·중·러)의 '2+4 회담'을 최초로 주장한 것이다. 한반도의 전쟁 억제를 위한 4강의 전쟁 방지 보장, 한국의 국력 개발, 국제 무대에서의 남북한 접촉 확대, 남북한의 직접 접촉의 단계적 진행을 제시했다. 남북이 사활을 걸고 대치하는 상황에서 나온 제안이어서 혁명적이라는 평가를 받았다. 이 아이디어는 김 의원의 외교정책으로 채택돼 국내외에 커다란 반향을 불러일으켰다.

어떻게 보면 훗날 노벨 평화상을 받은 한국의 정치인 김대중의 국제적 데뷔를 나와 코언 교수가 시켜 준 셈이다.

1971년 에드워드 M. 케네디 미 상원의원 집무실에서. 왼쪽부터 김정원, 에드워드 M. 케네디 의원, 김대중 의원, 제롬 A. 코언 교수 ⓒ 대한민국역사박물관

놀라운 집중력을 가진 박정희 대통령

박정희 대통령도 내가 주장한 남북한과 주변 4강의 '2+4 회담' 아이디어에 비상한 관심을 보였다. 1970년 제롬 A. 코언 교수와 함께 한국에 와서 박정희 대통령과 여야 인사를 만났다. 영남대가 주최한 통일 문제 세미나에서 발표한 4강국 안보론 내용이 1971년 『경향신문』에 「통한統韓 4단계 접근 방식」이라는 제목으로 소개됐다. 청와대에서 연락이 왔다.

사실 나는 박 대통령을 별로 좋아하지 않았다. 미국에서 뉴스로 접한 그는 군사 쿠데타를 일으켜 한국 민주정치의 흐름을 후퇴시키고 독재정치를 하고 있는 장본인이었기 때문이다. 국제정치학자로서 부정적 인식을 가지지 않을 수 없었다. 게다가 그는 아버지에게 큰 고통을 안겨 줬다. 민주주의를 추종하는 언론인으로서 아버지는 군사 쿠데타를 단호히 반대했고, 그러다 전 재산과 활동 기반을 몰수당했다. 충격으로 쓰러진 아버지는 미국에 와서 치료를 받고 몸을 회복한 뒤 날마다 한국 군사독재를 반대하는 백악관 시위를 하고 있었다. 그래서 처음 청와대에서 면담 제안이 왔을 때 주저했지만 어떤 사람인지 직접 만나 보고 싶다는 생각이 들었다.

내가 묵고 있던 조선호텔로 보내온 자동차를 타고 청와대에 도착해 김정렴 비서실장의 안내를 받아 집무실로 들어갔다. 박 대통령과 두 시간 동안 독대하면서 통일과 국제 문제를 논의했다. 그와 이야기를 나누는 동안 깊은 인상을 받았다. **박 대통령은 어떤 학자보다 진지하게 토론에 임하며 통일과 국제 문제에 지대한 관심을 보였다.** 당시 나는 미국에서 온 젊은 학자에 불과했는데 놀라울 정도로 내 의견을 경청하며 진지한 질문을 던졌다. 엄청난 집중력이었다. 그 순간은 대한민국을 좌지우지하는 절대 권력자라기보다 학구적인 면모까지 느껴졌다. 그는 내가 쓴 글들을 이해했으며 한국이 4강의 틈바구니에서 어떻게 살아 나갈지 묘책을 짜내는 데 골몰하고 있었다.

당시 박 대통령에게는 최규하, 장위돈, 함병춘 등 여섯 명의 외교안보특보가 있었는데 그분들에게 안보 강의도 하고 앞으로 계속 도와달라고 했다. 과분한 제안이었지만 대선배들 앞에서 아직 부족한 점이 많다며 고사했다. 박 대통령은 한국에 와서 일할 것을 재차 권유했다. 박정희 반대운동을 하고 있는 아버지와 김영삼 총재, 탄탄대로를 약속하며 영입 제안을 계속하는 박정희 정권 사이에서 나는 주저할 수밖에 없었다.

결국 하버드대 법과대학원에서 공부를 계속했다. 로스쿨 학생이었지만 정치학 박사 학위가 있어 강사와 연구원으로 활동했고, 코언 교수의 배려로 연구실까지 배정받을 수 있었다. 한국에서 열리는 세미나에 참석하면서 한국의 현실 정치에 관심을 갖고 『뉴욕타임스』, 『워싱턴 포스트』, 『시카고 트리뷴』, 『보스턴 글로브』, 『크리스천 사이언스 모니터』와 『포린 어페어스』 등 각종 신문과 잡지에 기고를 했다. 국무부 외교연구소Foreign Service Institute of Department of State, 미 육군 참모대학U.S. Army War College, 사회시스템연구센터Center for Research in Social Systems, CRESS 등에서도 자문위원으로 활동했다. 1972년 미국 대선에서는 대통령 후보로 출마한 조지 맥거번George McGovern 캠프에서 외교정책 자문위원회 위원으로도 활동했다.

법과대학원을 졸업한 이후에도 나와 코언 교수는 제자와 스승이라기보다는 절친한 친구, 인생의 선후배로서 수십 년간 꾸준히 교류했다. 뉴욕 맨해튼에 갈 때면 하버드클럽에서 함께 식사하는 일정을 빼놓지 않고 잡았다.

하버드대 로스쿨의 합격증을 받은 뒤 나는 캐롤린에게 로스쿨에서 같이 공부하자고 설득했다. 처음에 그녀는 '법을 싫어한다'라고 잘라 말했다. 아버지가 변호사였지만 자신은 그런 직업이 싫다고 했다. 그녀는 자신이 좋아하는 문학이나 역사책을 읽는 것으로 만족한다며 로스쿨 진학을 거부했다. 굳이 공부를 한다면 문학이나 역사를 전공해 교수가 되고 싶지 법학은 아니라며 손사래를 쳤다. 나는 내가 만약 몸이 아프다든지 한국으로 돌아가 일하다가 경제적으로 힘들어지면 어떻게 감당할 수 있겠느냐, 딸 교육은 어떻게 시키고 어떻게 살아갈 수 있겠느냐며 캐롤린을 설득했다. 일단 변호사가 되면 당장 일을 하지 않더라도 언제든지 직업을 갖기 쉬우니 경제적인 걱정을 덜 수 있다며 계속해서 권유했다.

나의 설득에 못 이겨 하버드대 로스쿨에 면접을 보러 가려고 차를 탔는데 주유소에 들렀을 때 캐롤린이 집으로 돌아가겠다며 화를 냈다. "나는 돈이 없어도 살 수 있다. 변호사는 되기 싫다"라고 말했다. 그러나 막상 면접 시험에서는 훌륭하게 답변해 장학금을 받고 합격했다. 이후 우수한 성적으로 졸업해 뉴욕의 로펌에서 변호사로 활동했다. 캐롤린은 한국을 진심으로 사랑했다. 내가 한국에 출장을 올 때는 항상 동행했고, 뉴욕한국학교에서 어린 학생들과 함께 한국어를 배워 한인 신문에 소개되기도 했다. 캐롤린은 한국 음식, 한국 문화를 받아들이는 데 주저함이 없었다. 미국 신문이나 방송에서 한국을 억울하게 매도하거나 부정적으로 보도하면 캐롤린은 변호사로서 정정 보도를 요청하는 서신을 보냈다.

1970년대 한국 방문 당시 신문
인터뷰 중 찍은 사진.
김정원과 캐롤린

한국학교에 입학한 벽안의 여성

매토요일마다 국민학생틈에서 한글배워
학과끝나면 교포 학부모에 영어 가르쳐
캐롤린 캠벨여사, 남편나라 더잘 알기위해

한국어린이들과 열심히 한글을 배우고있는 캠벨여사(앞줄왼쪽)

「한국학교에 입학한 벽안의 여성: 매주 토요일마다 국민학생 틈에서 한글 배워, 학과 끝나면 학부모에 영어 가르쳐, 캐롤린 캠벨 여사, 남편 나라 더 잘 알기 위해」, [The Korea News 1980년 10월 6일 자]

조국에서 거부당했던 『분단한국사』

한국 분단의 역사를 세계에 바로 알리기 위해서는 학문적으로 접근해야 한다고 생각했다. 컬럼비아대 국제정세변동연구소(옛 공산권문제연구소)에 있을 때부터 연구기금을 받아 집필에 착수했다. 워싱턴 의회도서관을 수도 없이 드나들었고 일본 도쿄까지 직접 가서 남북한 관련 자료를 입수했다. 이러한 노력 끝에 1975년 하나의 결실을 보게 됐다. 로스쿨에 다니면서 하버드대 동아시아연구센터 상임연구원으로 있을 무렵 『분단된 한국: 한국 정치의 발전 1945~1972(Divided Korea: The Politics of Development, 1945~1972)』를 하버드대 출판부에서 출간할 수 있었던 것이다. 군사독재 시절이어서 한국에 있는 정치학자들은 북한 관련 책이나 자료를 찾아보는 게 쉽지 않았다. 나는 미국 대학에 적을 두고 있었기 때문에 한국 정부의 감시를 벗어나 마음껏 연구할 수 있었고 덕분에 1945년부터 1972년까지의 남북한 관계를 심층적으로 다룰 수 있었다.

책이 출판되자 한국 정치학자들은 이 책을 한국에 들고 가고 싶어 했다. 영문 서적을 그대로 가지고 가면 문제가 될까 봐 표지를 뜯고 낱장 형태로 나눠 가져간 뒤 한국에서 복사본을 제본해 돌려 봤다고 한다. 김계수 한국외대 교수의 도움을 받아 한국어로 번역된 이 책은 1976년 11월에 일조각에서 『한국정치발전론』이라는 애매한 제목으로 출간됐다. 그러나 당국은 객관성을 문제 삼아 책의 배포를 금지했다.• 그때 받은 충격은 컸다. **서문에 쓴**

• 1972년 하버드대학교 출판부에서 출판된 『Divided Korea』는 1976년 일조각에서 『한국정치발전론』이라는 이름으로 번역해 출판했으나 한국 정부에 의해 배포 금지가 결정돼 모두 처분됐다. 당시 미국에 있었던 저자 김정원에게 전달돼 살아남은 유일한 책 한 권은 2023년 대한민국역사박물관에 영구 기증됐다. 이후 『Divided Korea』의 한글 번역본은 『분단한국사』라는 이름으로 1985년 동녘출판사와 1992년 예진출판사에서 재출판됐으며, 1997년에는 영어판 그대로 한림출판사에서 재출판됐다.

『Divided Korea』 하버드대학교 출판부, 1972년

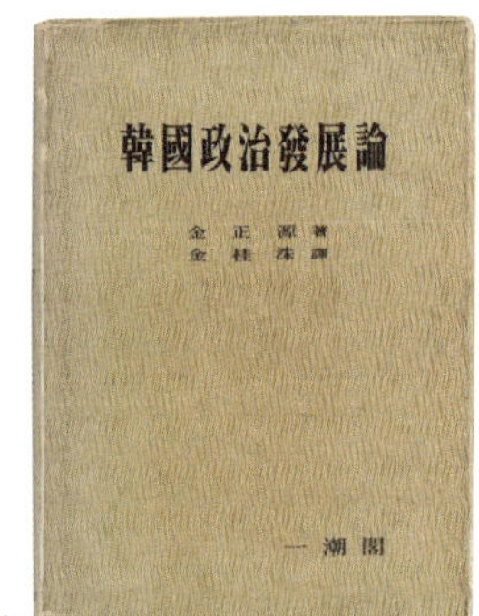

『한국정치발전론』, 1972년
ⓒ 대한민국역사박물관

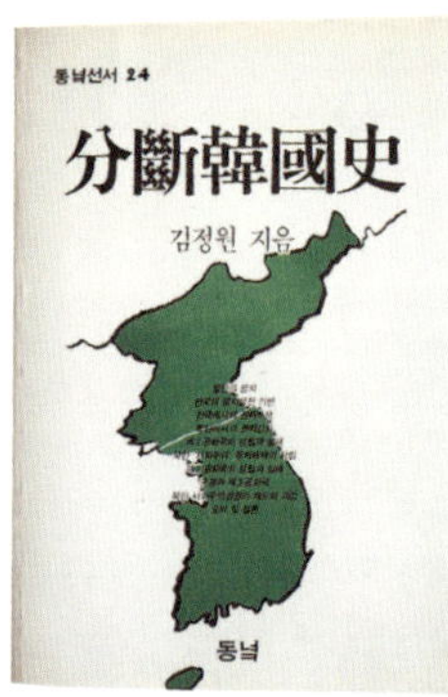

『분단한국사』, 동녘, 1985년

것처럼 '남과 북의 모든 국민들과 조국 통일에 바치는' 나의 헌신마저 조국에서 받아들여지지 않았기 때문이다.

그로부터 9년이 흐른 뒤인 1985년 『분단한국사』라는 제목으로 번역된 한글판이 다시 빛을 보게 됐다. 『분단한국사』는 그 후 여러 출판사에서 출판됐고 대학생들의 사회과학 연구 필독서로 오랫동안 사랑받았다. 이 책은 지금도 세계 유수 대학과 외교관들이 필독하는 자료 가운데 하나다. 한국에 부임하는 외교관이나 주한 미군 장성들이 직접 이 책을 가지고 와서 사인해 달라고 요청한 적도 적지 않다. 내 젊은 날의 학문적 열정을 추억하게 하는 나의 보물이다.

『분단한국사』, 예진, 1992년

『Divided Korea』, 한림출판사(Hollym), 1997년

월스트리트 최초의 한국인 변호사

1973년 봄, 하버드대 로스쿨 졸업생들을 선점하기 위해 미국 유수의 로펌 변호사들이 케임브리지에 직접 학생들을 인터뷰하러 왔다. 나는 그중에서 월스트리트에 있고 1급 변호사 150명이 참여하고 있는 '머지 로즈 거스리 앤드 알렉산더Mudge, Rose, Guthrie & Alexander'와 인터뷰했다. 이 로펌은 리처드 닉슨 미국 대통령이 재야 시절 근무한 바 있어 더욱 유명했다. 일주일 후 투자회사, 은행, 로펌이 즐비한 월스트리트에 있는 본사를 방문해 2차 인터뷰를 했고 합격 통보를 받았다. 그해 9월부터 근무를 시작했는데 입사 사실이 한인 사회에 알려지자 미주 『한국일보』

는 로펌 최초의 동양인 변호사라며 기사화했다. 동료들은 나를 '월스트리트 최초의 한국인 변호사'라고 추켜세우곤 했다. 로펌에서는 회사법 분야에 배정돼 은행, 파산, 인수 합병, 국제 분쟁, 국제 문제 등을 담당했다.

학자에서 변호사로 직업이 바뀌면서 한국에 자주 나올 수 없게 됐다. 대신 중동 지역 사우디아라비아·이집트 건설에 참여하고자 하는 한국 기업과 함께 일할 기회가 많아졌다. 조지 볼 차관이 예측한 것처럼 한국계 무역회사, 은행, 종합 상사 등이 미국에 대대적으로 진출했다. 그러나 그들 대부분은 의욕만 앞설 뿐 미국인의 사고방식, 무역관행, 미국법에는 문외한이나 다름없었고 언어장벽도 만만치 않았다. 변호사로서 나는 이들의 사업을 자문하고 무역, 철강·식료품·화장품 사업 등에서 공동투자(조인트 벤처)를 성사시켰다. 미국 내에서 금융 실적이 없는 한국 기업들의 사업에 미국 은행권의 융자를 얻어 내기 위해 하버드, 컬럼비아, 존스홉킨스대 동창들과 지인들을 총동원했다.

1970년대는 한국 건설 회사들이 중동으로 진출하던

미주소식

발행/한국일보 뉴욕·워싱톤지사

西紀1973年11月22日 (木曜日) (10版) 【日刊】

—김정원박사 미국 법조계서 각광
닉슨대통령 근무하던 법률사무소에 참여—

김정원박사

동양인으로는 처음으로 김정원박사가 세계에서 가장 권위 있고 규모가 큰 MUDGE ROSE GUTHRIE 합동법률사무소 변호사로 등용되어 미국 법조계의 주목을 끌고 있다. 미국의 일급 변호사 150여명이 참여하고 있는 이 법률사무소는 닉슨 대통령이 재야 시절 근무한바 있어 더욱 유명한 곳으로 한국 출신인 김박사의 참여는 미국속의 한국사회가 급성장하는것과 반비례하여 부수적으로 일어 나는 각종 사건 처리는 물론 법률상담을 위해 기쁜 소식이 아닐수 없다.

경기고등학교를 거쳐 하버드대학과 콜럼비아대학에서 수학한바 있는 씨는 죤스 홉킨스대학에서 국제정치학박사, 하버드대학에서 법학박사 학위를 받았다.

지난 7년동안 모교인 죤 홉킨스대학과 하버드대학에서 국제정치학 교수로 재직한바 있는 김박사는 미국 정치학회 및 법률학회 정회원으로 학회지에 각종 논문을 발표하는 한편 뉴욕 타임즈, 워싱톤 포스트지등 주요 신문에 정기적으로 기고해왔다.

김정원박사는 부인도 세무 담당 변호사로 활약하고 있어 미국 법조계에서도 드문 부부 변호사로 유명하다.

「김정원 박사 미국 법조계에서 각광,
닉슨 대통령 근무하던 법률사무소에 참여」,
[미주 한국일보 1973년 11월 22일 자]

시기였다. **나는 월스트리트에서 보기 드문 한국인 변호사였기 때문에 한국 기업들은 한국어가 통하는 우리 로펌에 와서 도움을 요청했다.** 삼성, 삼호건설 등이 중동 건설 프로젝트를 따고 싶으니 도와달라고 연락해 왔다. 직속상관에게 이를 바로 보고했다. 지금도 그렇지만 사우디아라비아는 왕족들이 사업을 장악하고 있어 관련 전문가가 필요했다. 나는 우리 로펌의 시니어 파트너이자 전 드와이트 아이젠하워 대통령 국방차관보였던 프랭크 링컨Frank Lincoln을 모시고 건설 프로젝트를 따는 데 힘을 보탰다. 상관이 현지로 떠나기 몇 달 전부터 뉴욕에서 사전 미팅을 잡고 연락망을 구축했다. 국무부의 중동라인, 전직 대사들까지 총동원돼 사우디아라비아 왕족과의 연결고리를 만들어 낸 것이다. 리야드에 도착한 삼호건설 회장은 병원, 학교 등을 짓고 싶다는 목표를 제시했고 힐튼호텔에서 일주일간 머물면서 왕자들과 협상해 1억 달러짜리 계약을 체결했다. 이는 향후 삼호건설이 해외 수출 10억 달러를 달성하는 물꼬를 튼 계기가 됐다. 한국 기업들이 미국에 진출하는 데도 변호사로서 가교 역할을 했다. 가끔 한국 기업들이 로펌에 약속한 계약금을 제대로 보내 주지 않아 곤욕을 치르기도 했지만, 조국의 경제 발전을 위해 일조하고 있다는 생각에 가슴 뿌듯한 나날이었다.

이후 친한 친구들과 함께 로펌을 만들어 독립했고 1980년대는 규모를 키워 엠파이어 스테이트 빌딩 68층에 사무실을 얻었다. 우리나라에서는 변호사 시험에 통과하면 전국 어디든 활동할 수 있지만 미국에선 주 단위로 시험을 보고 각각 자격을 얻어야 한다. 다행히 나는 뉴욕주 외에도 뉴저지주, 펜실베이니아주, 워싱턴 D.C.까지 네 지역의 변호사 자격증이 있어 교민들의 요청에 따라 뉴저지, 펜실베이니아에도 지점을 냈다.

1970년대 초반, 한국 정부는 국가 시책으로 이민을 장려했다. 덕분에 남미를 거쳐 미국으로 오는 한국인 규모가 엄청나게 커졌다. 이전에는 결혼이나 친척들의 초청으로 미국에 정착했기 때문에 몇 천 명에 불과했던 뉴욕 인근 교민이 몇 만 명, 몇 십만 명 규모로 증가했다. 영어가 능숙하지 못한 교민들은 억울한 일을 당해도 말 한마디 못하고 당하는 경우가 다반사였다. 그런데 한국어가 통하

1975년 뉴욕한인회장 재직 시 미국을 방문한 대한민국 경제사절단과의 회의 모습.
왼쪽부터 서석준 전 경제기획원장, 김정원, 양윤세 농림수산부 장관,
남덕우 전 부총리, 김인권 주 뉴욕 총영사

는 변호사가 나타나자 새벽부터 밤까지 각종 문의 전화가 빗발쳤다. 미국에서는 부동산 거래를 할 때 변호사를 거쳐야 하는데 영어 장벽으로 잘 물어보지도 못하고 속앓이 하는 경우가 많았다. 미국인들의 생활 방식이나 법을 잘 몰라 사소한 실수임에도 유치장 신세를 지기도 했다. 그럴 때면 밤이든 낮이든 경찰서로, 유치장으로, 법정으로 쫓아다녔다. 고생 끝에 그들이 무죄 선고를 받거나 보석으로 풀려날 때면 그들 가족과 함께 부둥켜안고 기쁨의 눈물을 흘리기도 했다.

나는 제12대 뉴욕 한인회장으로도 활약했다. 당시 교포 사회의 핫 이슈는 일본 업자들이 공급하는 쌀 불매운동이었다. 그들이 제공하는 캘리포니아산 쌀에서 암을 유발하는 화학물질이 방부제로 사용된다는 사실이 밝혀진 것이 계기였다. 또 각종 일본 식품을 독점 공급하는 재팬푸드 등 일본계 식품업자들의 횡포에 대항하자는 캠페인이 일어나기도 했다. 그런 분위기 속에서 한국식품업자협회 창립을 독려했다. 한국 교포 사회에 전문적인 이익집단을 결성해 '한국인의 목소리'를 내고 권익을 요구할 시점이 왔다고 생각했기 때문이다. 식품업자에 이어 의사, 보험인 등 여러 전문 단체의 발족을 유도했다.

1982년 윌리엄 H. 글라이스틴William H. Gleysteen 전 주한 미국대사를 필두로 지한파 인사들이 코리아펀드Korea Fund를 만들었다. 코리아펀드는 한국 정부의 자본 자유화 정책에 따라 시도된 첫 작업이었다. '한국'이라는 이름을 걸고 미국의 일반 투자자들로부터 기금을 모아 한국 기업의 주식과 채권에 투자하고 그 이윤을 다시 투자자들에게 분배하는 형식이었다. 당시 나는 한국 ㅇ은행, ㅅ은행, ㅈ은행의 현지 법률 고문이자 코리아펀드 이사로 참여하면서 산고를 함께 겪었다. 코리아펀드가 콧대 높은 뉴욕 증권시장으로 진입하는 과정은 피 말리는 긴장의 연속이었다. 1984년 6,000만 달러로 출발한 코리아펀드는 미국 컨트리펀드의 대표적인 성공 사례로 꼽혀, 이후 컨트리펀드 붐을 일으켰다.

변호사로, 전미사립학교 장학재단 이사로, 코리아펀드 이사로 하루 24시간이 모자랄 지경인 나날이 계속됐다.

Part 5

Crossing the Gates of Knowledge, Striving for Justice

지식의 문을 넘어
정의를 향해 나아가기

1987~2017

한국의 민주화를 위해 돌아온 조국

한국은 박정희 대통령이 암살된 후 또다시 군부 쿠데타가 일어나 정치적으로 격동의 시기를 보내고 있었다. 김영삼 총재는 가택 연금되고, 단식 투쟁을 하며 계속 도와달라는 연락을 해 왔다. 그사이에 아버지가 돌아가셨고 딸은 결혼했다.

민주화 운동이 절정에 달했던 1987년을 앞두고 모든 미국 생활을 정리하고 한국으로 돌아왔다. 1984년 발족된 민주화추진협의회(민추협) 공동의장인 김영삼의 외교안보특보 임무를 맡았다. 그대로 미국에 있었더라면 변호사로 활동하면서 안정되고 편안한 생활을 할 수 있었을 것이다. 그러나 날마다 학생들이 민주화를 부르짖으며 거리로 뛰어나오는 상황에서 편안하게 맨해튼 파크 애비뉴 집에서 지내는 것도 마음이 편치 않았다.

정부 관료로 내정된 것도 아니고 확실한 수입이 보장되는 것도 아니었지만 한국을 떠나올 때 마음속으로 약속한 대로 "코리아 파이팅", "김정원 파이팅"을 외치며 다시 돌아왔다. 조국은 반드시 민주화돼야 한다고 생각했고 실행에 옮겼다.

각종 신문에 1987년 5월 1일 자로 김영삼 총재의 특별보좌관으로 임명됐다는 기사가 나갔다. 매일 오전 7시에 집을 나서면 10분 뒤 상도동에 도착했다. 당시에는 서울시내 교통이 그리 혼잡하지 않았다. 상도동에서 아침 식사를 하고 오전 8시 40분경 김기수 비서실장과 함께 서울시청 바로 옆에 있는 통일민주당 당사로 출근했다.

그때는 야당 내에서 외국어를 잘하는 사람이 거의 없어 사실상 통역관, 외신 대변인 역할도 담당했다. 민추협에서 역량을 발휘할 수 있었던 분야는 외신 기자 인터뷰였다. 시시각각으로 사건·사고가 일어났다. 외신 기자,

1987년 민주화추진협의회(민추협) 기자회견

1992년 월터 멘데일 전 미국 부통령 방한

1987년
제럴드 포드 전 미국 대통령 방한

민주화 운동 중
리에서 시민과 함께

민추협 외신 기자 인터뷰
ⓒ 대한민국역사박물관

외국 대사관과 관련된 업무와 통역을 전담하다시피 했다. 한국의 민주화 운동이 『뉴욕타임스』, 『워싱턴포스트』, 『AP통신』 등에 정확하게 전달되도록 노력했다. 기자들이 밤낮없이 연락을 해 왔다. 그들은 하나같이 한국의 현재와 미래에 대해 진지한 대화를 나누기 원했다. 나는 국제 여론 흐름을 민추협 쪽으로 돌리기 위해 외국 신문을 스크랩하고 일일이 분석하며 대응했다. 당시 제임스 릴리 James Lilley 주한 미국대사가 미국 필립스 엑서터 아카데미 선배여서 밀접한 관계를 유지할 수 있었다.

그해 6월 26일, 민추협 중앙본부에서 대형 태극기를 앞세우고 시가행진을 하고 있었다. 전경들이 헬멧을 쓰고 태극기 아래로 들어와 최루탄을 뿌리는 바람에 시위 대열이 흐트러졌다. 최루탄 때문에 눈이 감긴 사이에 김영삼 의장이 닭장차에 끌려갔다. 전경과 경찰들의 곤봉과 발길질로 온몸이 만신창이가 된 상태에서도 공중전화로 달려갔다. 요즘처럼 휴대전화가 없던 시절이니 그게 최선이었다. 먼저 외신 기자들에게 연락했고 다음으로 나와 친분이 깊었던 해외 유력 인사들에게 알렸다. 이 사건은 곧바로 세계 언론에 타전됐다. 그리고 몇 시간 후 김영삼 의장은 체포에서 풀려나 자택으로 돌아왔다.

당시 여당 대표는 전두환 대통령의 절친한 친구이자 군부 쿠데타에 동참했던 노태우였다. 결국 노태우 민정당 대표가 시민들이 요구하는 대통령 직선제를 받아들이면서 한국은 민주화의 첫 단계를 이뤘다. 이후 대통령 직선제를 쟁취하기 위해 온갖 노력을 기울였다. 5~6개월간 김영삼 총재와 같이 전국을 누비며 선거 캠페인을 벌였다. 광주, 군산, 부산, 대전, 대구 등 난생처음 전국 일주를 했다. 한국의 민주주의 발전에 기초를 닦는 장엄한 행렬의 한 사람이 됐다. 김영삼과 김대중은 대표적인 야당 정치인으로 두 사람 모두 성이 김씨여서 '양김'으로 불렸다. 민주화 운동으로 달아오른 시기였기에 대통령 선거는 야당 후보에게 유리한 상황이었다. 야당 후보 한 명과 여당 후보 한 명이 일대일로 맞붙는다면 쉽게 정권 교체를 이룰 수 있었다. 그러나 양김은 서로 자신이 야당 후보가 돼야 한다고 주장했다. 프레스클럽에서 열린 김영삼 총재와 김대중 총재의 회담에 나도 두 번 참석했으나 합의점

1987년 대통령 선거 유세 현장 ⓒ 대한민국역사박물관

을 찾지 못했다. 국민들의 간절한 열망에도 불구하고 후보 단일화는 실패했다. 결국 두 명의 야당 후보와 한 명의 여당 후보가 맞붙은 선거에서 여당 후보가 36.64%를 득표함으로써 군인 출신의 노태우가 대통령으로 선출됐다. 후보 단일화만 됐더라면 한국의 군사정권은 더 이상 연장되지 않았겠지만 진정한 민주정권의 쟁취는 5년 뒤로 미뤄졌다. 선거 후 김대중 후보는 미국으로 떠났고, 김영삼 후보는 서울에 남아 당 조직을 강화했다.

1990년 3당 합당을 통해 김영삼, 김종필, 노태우가 손을 잡았다. 그때 합당을 주저하는 김영삼 총재에게 "호랑이를 잡으려면 호랑이 굴에 들어가야 한다"라고 말했다. 물론 엄청난 리스크가 있다는 것을 알고 있었다. 그러나 그 방법 외에는 군벌정치를 끝낼 방도가 없었다. 여당 후보가 된 김영삼 대표는 대통령에 당선됐다. 국민들이 꿈꿔 왔던 문민정부가 탄생했다. 그가 당선되자마자 나에게는 대통령의 친인척이라는 이상한 딱지가 붙었고, 역설적이게도 나의 정치적 입지는 오히려 좁아졌다. 마음속으로 한국의 민주화 운동에 동참한 것에 만족하자, 그것만으로도 나의 임무는 완수한 것이라며 스스로를 다독였다.

한국으로 귀국했을 때 나는 캐롤린과 함께였다. 캐롤린은 머리가 비상했기 때문에 한국 굴지의 로펌과 대학, 대기업에서 변호사나 대학교수를 해 달라는 제안이 줄을 이었다. 하지만 그 모든 것을 마다하고 내조에 전념했다.

매일 시위가 벌어지고 있었다. 내가 최루탄에 눈물을 흘리고 곤봉으로 얻어맞은 채 집으로 돌아올 때면 아내는 몹시 가슴 아파했다. 여기에 반미운동이 들불처럼 일어나자 더욱 힘들어했다. 특히 시위대가 "반전반핵 양키 고 홈"이라고 연호하는 것을 들으며 자신이 내 정치 활동에 걸림돌이 되지 않을까 걱정했다.

마침 그때 첫 손녀가 태어났다. 아내는 "어머니로서의 의무와 내 직업에 대한 소망 때문에 미국으로 떠나지만, 당신은 한국의 정치적 민주화를 이루는 데 집중하기 바란다. 한국의 민주화를 이루는 것만이 나와 당신의 헤어짐을 보상받는 길이다"라는 말을 남기고 홀로 미국으로 돌아갔다. 그리고 미국 뉴욕의 제2순회 항소법원Court of Appeals for the Second Circuit에서 근무했다. 그 후 우리는 이혼했고, 다른 사람과 재혼했지만 내가 뉴욕에 갈 때면 항상 캐롤린을 만났다. 캐롤린은 내 아내이기 이전에 훌륭한 인간이었고 내 생명의 은인이었다. 그렇게 나는 아내를 잃었지만 세상에 둘도 없는 친구를 얻었다.

1988년 서울의 한 식당에서 캐롤린과 함께

포기한 미국 시민권,
재미 교포들의 진심 어린 응원

1987년 한국으로 돌아왔을 때 미국 시민권을 완전히 포기했었다. 영주권만 갖고 있던 내가 미국 시민권을 받은 것은 변호사로 활동하기 위해서였다. 귀국한 뒤 주한 미국대사관에 가서 미국 여권을 반환하고 한국 국적을 회복했다. 한국 여권에 미국 비자를 받아서 1988년부터 1992년까지 5년 동안 일고여덟 번 미국 출장을 다녀오기도 했다.

김영삼 대통령이 취임 직후 전화를 했다. 자동차로 이동 중이어서 카폰으로 전화를 받았는데 "김 박사가 안기부를 맡고, 안기부 차장으로서 모든 국제 문제를 해결하는 데 일조해 주면 고맙겠네"라고 했다. 깜짝 놀랐다. 국

1993년 중국 만리장성 완주 후 미소 짓고 있는 김정원

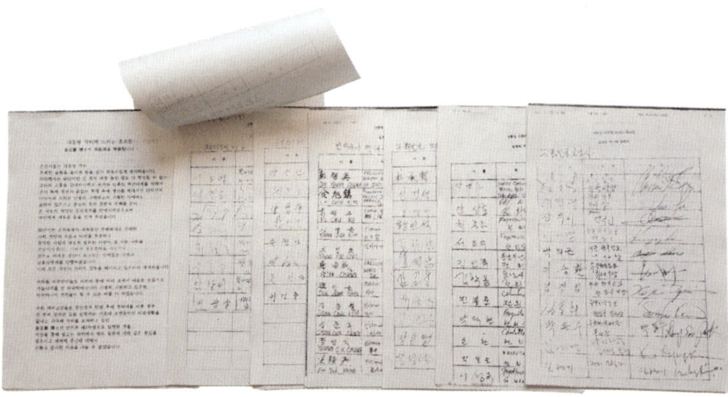

1993년 미주 교민들이 팩스 릴레이로 청와대에 제출한 탄원서

가안전기획부(현 국가정보원)에서 일한다는 생각은 해 본 적이 없었기 때문이다. 전화 통화라 얼떨결에 "고맙습니다. 잘 생각해 보겠습니다"라고 답했다. 3월 5일 자 일간 신문에 안기부 2차장(국제 담당)으로 김정원을 임명했다는 보도가 나갔다. 그런데 3월 6일 자 『조선일보』 1면에 「김정원 안기부 2차장 국적 구설」이라는 제목의 기사가 보도됐다. 나의 한국 국적이 한때 말소됐으며, 관련된 국적 문제를 당국이 조사하고 있다는 기사가 나갔다. 심지어 내가 미국 국적을 아직도 갖고 있다는 내용도 포함됐다. 친인척을 요직에 기용한 낙하산 인사라는 내용을 거의 모든 신문이 퍼 나르고 있었다. 기가 막혔다.

당시는 북한이 핵확산금지조약NPT을 탈퇴한 엄중한 시국이었다. 북핵 위기가 고조되는 시점이어서 인근 국가들과의 안보회의가 극비리에 진행됐다. 나는 중국 정보부와 회의하기 위해 중국으로 향했다. 중국 측 대표들은 미국처럼 바로 본론으로 들어가지 않고 중국 특유의 '만만디慢慢的 전략'으로 나왔다. 그러더니 뜬금없이 만리장성 관광을 시작하자고 제안했다. 그 순간 변호사 시절의 감각이 되살아났다. 협상에서 상대방의 기선을 제압하는 것. 그들은 인공위성에서도 관찰된다는 만리장성 투어를 내가 중도에 포기하고 지친 상태에서 회의에 임할 거라고 예상했다. 실제로 나의 30대 보좌관도 몇 번이나 주저앉을 정도로 쉬운 코스는 아니었다. 그러나 조깅을 취미로 삼고 있던 나는 양복 차림에 구두를 신고 가뿐하게 완주했다. 결국 중국 측 인사들은 완주증명서를 내주면서 "이렇게 의지가 강한 분인 줄 몰랐다"라고 토로했다. 중국에 이어 일본 출장을 마치고 돌아왔다.

여전히 그 어떤 기자도 내 해명을 들으려 하지 않았고, 나의 진실은 보도되지 않았다. 깊은 고민 끝에 결단을 내렸다. 내가 이 일을 쟁점화해 싸우는 것은 새로 출범하는 문민정부에 해가 될 것이라는 결론에 도달한 것이다. 나는 조용히 사임했다.

이 소식이 미국에 알려지자 재미 교포 사회는 분개했고 집단 서명•에 나섰다. 탄원서에는 '김정원 박사의 오랜 미국 생활이 문제되는 것은 정말 참을 수 없습니다. 1970년대 조국이 어려울 때 재미 교포들은 야채를 다듬으면서, 생선 장사와 잡화상을 하면서, 때로는 막일을 하면서도 조국이 잘 되기를 바라는 심정으로 몇 십 달러에서 몇백, 몇 천 달러씩 송금했습니다. 저희 모두는 자랑스러운 한국인임을 한시도 잊지 않고 있으며, 앞으로도 해외 동포는 조국의 큰 자산이 될 것이라고 감히 자부하고 싶습니다. 조국의 발전이 해외 동포를 포근하게 감싸 주듯이, 해외의 동포들도 조국의 일원으로서 영원히 같이 할 것입니다. (중략) 그가 다시 일선에 나서서 일할 수 있기를 저희 150만 재미 교포 모두 간곡히 원하고 있습니다.'라고 쓰여 있었다. 뒤이어 한국에 귀국해 살고 있는 미국 교포 출신들까지 가세했다. 수백 명의 친필 사인이 담긴 탄원서가 청와대에 제출됐다.

• 1993년 뉴욕의 미주 한인회 총연합회가 나서서 역대 회장단, 직능단체, 언론인 및 교인들에게 직접 서명을 받았다. 이어 '김정원 박사에 대해 대통령 각하께 보내는 호소문'이라는 제목의 탄원서를 팩스로 보내 워싱턴 D.C., 뉴저지주, 펜실베이니아주, 매릴랜드주, 일리노이주, 노스캐롤라이나주, 인디애나주, 캘리포니아주에 이르기까지 미 전역에서 팩스 서명 릴레이를 벌였다.

한국과 팔라우의 국교 수교

내가 결백하다는 것을 누구보다는 잘 아는 사람이 김영삼 대통령이었다. 그러나 대통령이라는 자리의 무게는 무거웠다. 시간이 지나면서 여론도 잠잠해졌다. 나는 1994년 1월 외무부(현 외교부) 본부대사로 임명됐다. 복수 국적자가 아니었고 기사는 오보였기 때문이다.

1995년 봄, 대한민국 대통령 특사 자격으로 남태평양 국가들을 순방했다. 특히 잊을 수 없는 일은 1995년 3월 22일 한국이 남태평양 팔라우공화국과 국교를 수립했을 때다. 팔라우는 남태평양에 흩뿌려진 수백 개의 섬으로 구성된 공화국으로 지상 마지막 낙원으로 불리는 아름다

1995년 3월 22일 코로르에서 거행된 대한민국과 팔라우공화국의
국교 수교를 위한 수교의정서 체결식

안드레스 우헤벨라우 팔라우 공화국 국무장관과 김정원

운 국가다. 50여 년 동안 미국의 신탁통치를 받다가 1994년 11월에 독립했다. 인구는 약 1만 7,000명이고 면적은 서울보다 조금 작은 규모다. 1970~1990년대 한국 기업들이 현지 도로와 국립병원을 건설하기도 했다. 작은 나라이지만 유엔총회에 가면 수억 인구의 나라와 나란히 소중한 한 표를 행사하는 독립국이다. 당시 우리나라는 유엔 안전보장이사회 비상임이사국 진출을 시도하고 있었기 때문에 이들 국가의 지지를 이끌어 낼 필요가 있었다.

1995년 3월 22일, 당시 팔라우의 수도였던 코로르에서 내가 한국 대통령을 대신해 안드레스 우헤벨라우Andres Uherbelau 국무장관과 수교의정서에 서명함으로써 양국의 외교 관계가 수립됐다. **이로써 팔라우는 우리나라의 178번째 수교국이 됐다.**

조인식이 끝난 뒤에는 색다른 만찬 행사가 이어졌다. 배를 타고 다른 섬으로 이동하더니 갑자기 잠수부들이 우리가 보는 앞에서 바다로 뛰어들었다. 곧이어 사람 몸체만 한 커다란 조개를 몇 개 잡아 와서는 양국 대표가 보는 앞에서 신선한 해산물 만찬 요리를 즉석에서 만들어 대접했다. 아름다운 자연과 그들의 질박한 마음씨가 잔잔한 감동을 줬다.

필라델피아 시장이 선포한 '김정원 대사의 날'

1995년 한국국제교류재단 이사장에 취임했다. 우리나라는 88올림픽을 치르면서 한국의 국가 이미지가 국제사회에서 긍정적으로 자리 잡지 못하고 있다는 현실을 깨달았다. 한국전쟁과 두 차례의 군사 쿠데타, 코리아게이트, 분단국가와 같은 부정적 뉴스가 한국의 상징이 되고 있었다. 미국에서는 한국전쟁을 소재로 한 〈매쉬M.A.S.H.〉라는 드라마가 장기간 방영돼 전쟁 중의 비참한 한국인의 삶을 계속 전파했기 때문에 '한국 = 가난, 전쟁, 기아' 등의 이미지로 얼룩져 있었다. BTS의 노래를 세계인이 열창하는 오늘날과는 완전히 다른 세상이었다.

부정적인 국가 이미지를 바꾸고, 한국의 언어·역사·문화를 알리면서 국제사회에 한국의 친구를 만들기 위해 한국국제교류재단을 설립했다. 국제교류재단의 재원은 국민들이 여권을 발급받을 때 내는 발급 수수료를 기반으로 한다. 국제교류재단 이사장에 취임한 이후 영국 대영박물관, 미국 메트로폴리탄박물관, 프랑스 루브르박물관 등 세계 3대 박물관을 비롯한 7개국 19개 박물관에 한국실을 개관할 수 있도록 진두지휘했다.

1997년 7월 10일 화창한 여름날, 런던 대영박물관 2층에 약 85평(280㎡) 규모의 한국실이 문을 열었다. 당초에 오로지 한국 유물만을 상설 전시하는 영구적인 한국실Korea Foundation Gallery of Korean Art을 개관하려 했으나 일정이 지연되면서 임시 한국실을 연 것이다. 개관식에는 영국 왕실의 글로체스터 공작Duke of Gloucester을 비롯한 영국 정계·문화예술계 인사들이 대거 참석했다. 환영 만찬은 고대 신전이 그대로 전시돼 있는 유서 깊은 네레이드 룸Nereid Room에서 품격 있게 이뤄졌다. 한국실에는 국립중앙박물관이 대여한 신라시대 금관, 한빛문화재단이 소장하

1997년 7월 10일 영국 런던 대영박물관 임시 한국실 개관식.
왼쪽에서 세 번째가 김정원

1996년 9월 24일 스탠포드대 한국학 교수 임용을 위한 기부 약정식. 왼쪽부터 김정원, 게하드 캐스퍼 스탠포드 총장, 현재현 동양그룹 회장(스탠포드대 동창회장)

고 있던 범종 등 한국에서 공수된 문화재 18점과 대영박물관이 소장하고 있던 한국 유물 200여 점이 전시됐다. 이 전시를 위해 삼성문화재단 등 한국 기업들도 지원을 아끼지 않았다. 지금은 대영박물관에 한글로 된 안내 책자까지 비치돼 있을 정도로 한국의 위상이 높아졌지만, 그 첫 시작은 이러했다. 참석한 요인들이 달항아리의 담박한 아름다움에 환호하던 모습은 지금도 눈에 선하다.

하버드대, 런던대, 도쿄대, 베이징대 등 전 세계 60여 개 명문 대학에 한국학과나 연구소를 설립하고 세계 수재들이 한국어와 한국학을 배우는 '한국학 붐'을 일으켰다. 이 밖에 각종 인사교류, 문화교류, 출판 사업을 병행하면서 지한파 엘리트들을 양산했다. 세계 각국의 지한파 인사들과 머리를 맞대고 숙의하는 한·미 21세기위원회, 한·중 포럼, 한·러 포럼, 한·캐나다 포럼, 한·프랑스 포럼, 한·일 포럼의 의장을 맡아 세계 정계·학계 인사들과 교우의 폭을 넓혔다. 나는 '5,000년 전통의 문화대국 한국'을 알리는 전도사라는 마음가짐으로 임했다.

외국 대학이나 박물관을 방문할 때면 반가운 옛 친구

들을 만났다. 과거 대학에서 함께 공부했던 앨버트 카네세일Albert Carnesale은 캘리포니아대학교 로스앤젤레스UCLA 총장이, 폴 월포위츠Paul Wolfowitz는 모교인 존스홉킨스대 국제관계대학원의 학장이 돼 있었다. 친구들 한두 명만 거치면 거의 모든 대학 총장이 둘도 없는 친구 사이로 발전할 수 있었다. 한국국제교류재단의 활약상이 알려지면서 당시 멕시코 외무장관으로부터 "한국을 배우고, 한국국제교류재단을 닮고 싶다"라는 말을 듣기도 했다. 문화 한국이 기지개를 켜고 세계 속에서 꿈틀대고 있는 것이 느껴졌다.

1997년 미국 동부의 명문 대학인 펜실베이니아대학교• University of Pennsylvania에서 나는 뜻밖의 큰 선물을 받았다. 한국학 석좌교수직 설치를 위한 조인식에서 에드워드

• 미국 펜실베이니아주 필라델피아에 있는 아이비리그 대학으로 1740년 미국 건국의 아버지(Founding Fathers of the United States) 중 한 명인 벤저민 프랭클린에 의해 설립됐다. 미국 최초의 종합대학인 유펜은 1765년 미국 최초로 의과대학을 세웠으며 1881년 세계 최초이자 지금도 최고의 경영대학원(Business School)으로 인정받는 와튼 스쿨(The Wharton School)을 설립했다.

1997년 2월 5일 펜실베이니아대학 총장실에서 치러진 '김정원 대사의 날' 선언문 전달식. 왼쪽부터 김정원, 에드워드 렌달 필라델피아 시장

G. 렌델Edward G. Rendell 필라델피아 시장이 '김정원 대사의 날'을 선포한 것이다. **내가 국제정치학자이고 한국의 민주화 운동에 참여했다는 것을 감안했는지 선언문은 한국 민주주의에 대한 경의와 존중으로 가득했다.**

"이웃 국가들이 마르크스주의의 안개에 휩싸여 있을 때 한국은 민주주의의 빛을 비추는 등대였습니다. 한국은 세계적으로 존경받는 결의로 침략에 맞서 굳건히 서 있었습니다. 수많은 국가들이 한국과 함께했으며, 그중에는 수천 명의 생명을 희생한 미국도 포함됩니다. 그 국가들은 우리의 친구인 한국으로부터 더 나은 세계 시민이 되는 교훈을 배웠습니다. 그리고 이 교훈들은 앞으로도 지속돼야 합니다. (중략) 필라델피아 시장 에드워드 G. 렌델은 필라델피아시를 대표해, 1997년 2월 5일 수요일을 '김정원 대사의 날'로 선언하며, 필라델피아의 160만 모든 시민들이 만세를 외칠 것을 촉구합니다."

그 자리에는 나의 절친한 친구인 박병찬 삼창 회장과 김주진 아남산업 회장도 함께 있었다. 우리는 그 선언문을 들으며 남다른 감회에 젖어 들었다.

2022년 김주진 회장과 그 가족들은 그의 모교인 펜실베이니아대학에 2천5백만 달러를 기증했다. 김 회장은 대학에서 배우고 익힌 것들이 자신에게 성공의 길을 닦아 줬다며, 이 선물이 다른 사람들을 위한 길을 닦는데도 도움이 되기를 바란다는 말을 남겼다. 펜실베이니아대학은 그의 아름다운 정신을 기리기 위해 김주진 한국학 센터• James Joo-Jin Kim Center for Korean Studies를 만들었다.

• 펜실베이니아대학은 1963년에 한국 정치학 강좌를 개설했고 1984년부터 한국어 교육을 실시했다. 이렇게 시작된 유펜의 한국학 프로그램은 한국국제교류재단의 지원으로 교수진 확보, 학술 연구, 세미나, 도서관의 한국 컬렉션 확장 등으로 확대됐다. 유펜은 김주진 앰코테크놀로지(Amkor Technology) 회장의 기부로 한국학 연구가 활성화될 수 있는 재정적 기반을 갖추게 되면서 한국학 프로그램의 명칭을 '김주진 한국학 센터(James Joo-Jin Kim Center for Korean Studies)'로 바꾸었다.

탐구 정신이 뛰어났던
노무현 대통령과의 만남

새로운 정부가 들어서면서 1998년 2월 한국국제교류재단 이사장을 사임하고 대학으로 돌아갔다. 세종대 행정학과 정교수로 부임해 정보통신대학원장, 교육대학원장, 대외부총장을 역임했다. 정년퇴직 이후에는 아시아학과 석좌교수로 한국에 유학 온 외국인 학생들에게 한국학을 가르쳤다. 한국을 배우기 위해 강의실에 앉아 있는 학생들의 모습을 보고 있노라면 태극기 한 장 들고 유학길에 올랐던 지난날의 내가 떠오르곤 했다. 가르치고 배우는 일처럼 생산적이고 미래지향적인 일이 또 있을까. 우리나라가 폐허를 딛고 이렇게 눈부신 성장을 할 수 있었던 것은 열렬한 교육열이 작용했다고 생각한다.

나는 항상 신문을 정독하고 스크랩하는 습관이 있다. 1950년대부터 내가 쓴 논문, 칼럼이 실린 신문과 잡지를 스크랩해 뒀다. 실로 방대한 양이다. 그 가운데 기억에 남는 칼럼이 하나 있다. 2000년 2월 『매일경제』에 실린 「앨 고어와 한국의 낙선운동」이라는 제목의 칼럼이다. 당시 시민연대가 국회의원 낙천 명단을 발표해 정치권이 동요하고 있는 상황이었다. 그래서 엘 고어Al Gore의 사례를 들어 정치인의 소명의식에 대한 내용을 썼다.

해당 칼럼이 나간 뒤 꽤 여러 명에게 피드백을 받았다. 그중 한 명이 노무현 의원이었는데 좋은 글을 감명 깊게 읽었다며 직접 전화를 걸어 왔다. 당시 종로구 국회의원이었던 그는 청문회 스타로 인지도가 높았지만 누구도 대통령이 될 거라고는 예측하지 못할 때였다. 신문을 읽고 감사 인사를 직접 전하는 모습이 남달랐고, 여느 국회의원들과는 다른 진솔함이 느껴졌다. 그리고 몇 년 뒤 대통령이 된 그를 청와대에서 만났다. 민주평통자문위원 임명장을 받으면서 그의 손을 맞잡았다.

국제중재재판소 중재인으로 활동

한국에 귀국한 이후 변호사보다는 법률 고문이나 중재인으로 주로 활약했다. 김앤장의 김영무 변호사는 한국에 와서 가장 가깝게 지낸 법조계 인물 중 한 분이다. 김 변호사는 경기고등학교 5년 후배였지만 하버드대 로스쿨에서는 나의 선배였다. 내가 기억하기로는 하버드대 로스쿨에서 한국인으로서 법학박사Juris Doctor 과정을 최초로 마친 인물은 함병춘 주미대사다. 함 대사는 학위를 마친 뒤 한국으로 바로 귀국했다. 두 번째로 학위를 받은 인물이 김 변호사다. 그는 한국에서 판사를 하다가 미국으로 유학을 왔고 하버드대 로스쿨을 졸업했다. 한국의 대표적 로펌

2000년 국제변호사협회(International Lawyers' Association) 정기 세미나

인 김앤장은 한국·미국·일본의 법률 시장을 일찍이 경험한, 차분하고 영리한 김 변호사로부터 시작된 것이다. 그의 혜안으로 김앤장은 오늘날 아시아 최고의 대형 로펌으로 성장했다. 나는 고문으로 몇 년간 김앤장에 합류하기도 했다.

한때 법률 시장 개방을 대비한 국제변호사협회를 만들기도 했으나 국제중재재판소ICC의 국제중재인, 대한상사원의 중재인으로 활동하는 시간이 많았다. 미국과 유럽으로 출장을 갈 때면 한국 기업이 글로벌 기업으로 성장하면서 외국의 법이나 제도에 대한 이해 부족으로 겪고 있는 고민과 고통을 체감할 수 있었다. 중재 제도는 재판처럼 비용이나 시간이 많이 들지 않으면서 분쟁을 해결할 수 있는 유용한 수단이다. 내가 중재인을 처음 시작했을 때만 해도 자동차 회사, 국가 기관 같은 굵직굵직한 중재 사건이 많았는데, 시간이 흐르고 한국의 경제 규모가 커지면서 광범위한 분야에서 국내외 중재가 이뤄지고 있다.

하버드대 한국 총동창회와 함께

하버드대 동창회를 영어로 하버드클럽Harvard Club이라고 부른다. 하버드클럽은 인적 네트워크이기도 하지만 하버드대 동창회 건물을 이르는 말이기도 하다. 맨해튼에 있는 하버드클럽의 경우 책을 읽거나 커피를 마시는 공간뿐 아니라 레스토랑과 숙박 객실까지 갖추고 있으며 하버드를 상징하는 크림슨 컬러로 실내 장식이 돼 있다. 학창 시절의 즐거운 추억이 떠올라 미국에 있을 때도 자주 들렀고 한국에 살면서도 미국 출장을 갈 때면 잊지 않고 방문하곤 했다.

하버드대 한국 총동창회는 1977년에 결성됐다. 하버

하버드대학

1997년 하버드대 한국 총동창회 조찬회의에서 연설하고 있는 김정원

드대에서 수학하며 정식 학위를 취득한 사람 외에 방문교수나 단기연수를 받은 이들에게도 회원 자격을 준다. 나는 1992년부터 1998년까지 하버드대 한국 총동창회장을 맡았다. 연말이면 함께 송년회를 하고, 현안이 있을 때면 조찬 모임을 열기도 했다. 1997년에는 하버드클럽 회원인 이회창·김대중 후보가 대통령 선거에 출마해 조찬 모임에 이들을 초청해 연설을 듣기도 했다. 이런 공식 행사 외에도 하버드대 출신 후배들이 한국에 외교관이나 주재원으로 파견을 오거나 하버드대 본교의 총장이나 한국학 교수들이 한국을 방문할 때면 이들과 유익한 시간을 보내곤 했다.

하버드대는 내게 정신적인 고향 같은 곳이다. 하버드대에 진학했을 때 장학금은 물론 교통사고를 당했을 때 그 엄청난 병원비까지 하버드대에서 지불했다. 평생의 스승인 제롬 A. 코언 교수와 수많은 친구를 그곳에서 만났다. 하버드대 로스쿨에 진학했을 때는 나와 아내 캐롤린까지 전액 장학생으로 공부할 수 있었다. 겨울이 오면 하버드를 상징하는 크림슨색 머플러를 즐겨한다. 그 따스함이 하버드 교정과 젊은 날의 나를 추억하게 한다.

Part 6

Reflecting on Family at Life's Twilight

삶의 끝자락에 돌아보는 나의 가족

2014~2023

김영삼 대통령이 남긴 교훈

김영삼 대통령은 내 인생에서 가장 복잡한 숙제를 안겨준 사람이었다. 하지만 그가 퇴임한 이후에도 친근한 관계를 유지했다. 김영삼 대통령은 필리핀, 대만, 일본, 몽골 등 외국이나 국제회의에 초청받거나 외빈이 한국에 오면 어김없이 내게 통역을 부탁했고, 나는 그와 동행했다.

2005년 미국에서 손주들이 나를 보러 한국에 왔을 때, 그는 딸 가족을 상도동으로 직접 초대해 극진하게 대접했다. 캐롤린이 한국의 민주화 운동과 동유럽의 민주화 운동을 비교하는 연구를 해 보고 싶다며 연구기금을 신청했을 때도 흔쾌히 추천장에 사인을 해 줬다. 이렇듯 우리는

2000년 9월 필리핀 마닐라에서 개최된 아시아정당국제회의(ICAPP)에 참석한 김정원, 김영삼 전 대통령, 베나지르 부토 전 파키스탄 총리 ⓒ 대통령기록관

가깝게 지냈다.

고등학교를 다닐 때부터 맺어 온 인연이지만 아이러니하게도 내가 김영삼 대통령으로부터 가장 뜻깊은 교훈을 얻은 것은 돌아가시기 1년 전 서울대병원에서였다. 말년에 그는 지병으로 입원과 퇴원을 반복했다. 그날도 입원했다는 소식을 듣고 면회를 갔다. 그는 내가 병실에 들어가자마자 엄청나게 반겼다. 그러나 기관지 삽관을 하고 있었기 때문에 말을 할 수는 없었다. 내가 하는 말에 고개를 끄덕이고 눈물을 글썽였다. 면회가 끝날 때쯤 "다시 오겠습니다"라고 말하자 내 손을 꼭 쥐더니 눈물을 흘렸다. 우리의 마지막 만남은 그렇게 끝났다. 언제나 달변가였고 자신감에 차 있던 그였다. 말하고 싶은데 말하지 못해 답답해하는 모습을 지켜보면서 나는 깊은 생각에 빠졌다. 병원 복도를 걸어 나오는 발걸음이 한없이 무거웠다. 그의 얼굴을 다시 본 것은 입관식에서였다.

의료가 발달된 오늘날 우리 모두는 '생명 연장'과 '삶의 질'이라는 갈림길에서 선택을 강요받는다. 그는 내게 이 근원적인 질문에 대한 살아 있는 공부를 시켜 준 셈이

2021년 병원 복도에서

다. 얼마 후 나는 병원에서 각종 의료장치를 달고 살아만 있는 것보다는 길든 짧든 평상시 모습을 누리며 사는 '삶의 질'이 중요하다는 생각에 도달했고 국민건강보험공단을 찾아가 '사전연명의료의향서'를 작성했다.

인생은 영원할 것 같지만, 누구도 그럴 수는 없다. 그날 서울대병원 병실에서 김영삼 대통령의 모습을 뵙지 않았다면 그런 결정을 할 수 없었을 것이다. 나와 인생을 함께 살아온 주변 사람들의 힘들고 아픈 경험은 그들만의 것이 아니다. 함께 지켜보고 감내한 우리의 삶에도 큰 영향을 미친다. 내 인생의 중요한 선택을 할 때 엄청난 힘을 발휘하는 진짜 공부의 기회가 된다.

교육에 남다른 신념을 가지셨던 할아버지

코로나19 팬데믹은 내게도 참으로 힘든 시련의 시기였다. 좋아하는 여행을 할 수도 없었고 바깥출입도 쉽지 않았다. 그야말로 '창살 없는 감옥'에서 살고 있는 느낌이었다. 일생을 친구로 지낸 경기고등학교 동창생들과의 5.1회 정기 모임도 끊어지고 나니 할 수 있는 일이라고는 나와의, 내 삶과의 대화뿐이었다. 이런 저런 생각이 떠올랐고 내가 세상을 떠난 다음에도 그 생각들이 잘 전달될 수 있도록 유언장을 작성했다.

한국과 미국을 오가며 살아온 내 인생과 그 삶을 함께 수놓아 준 사람들을 생각하는 시간도 늘어났다. 가장 먼저 떠오른 사람이 할아버지와 할머니였다. 김종숙金宗淑. 할아버지의 존함이다. 우리 집안은 대대로 충청도에 살았는데 증조할아버지 김병안金丙安 선생이 전남 장흥군수로 발령받으면서 장흥으로 내려와 정착하게 됐다. 할아버지는 전남 장흥군 건산리에 엄청난 땅을 갖고 있는 지주였다. 할머니의 존함은 강초지姜草之. 음식 솜씨가 좋으셨다. 김치, 떡 같은 것을 아주 맛있게 만들어 주셨다. 두 분은 팔 남매를 두셨는데 우리 아버지가 장남이었다. 두 분 다 장손인 나를 넘치는 사랑으로 대해 주셨다.

할아버지는 언제나 한복 차림이셨다. 집에 계실 때도, 외출하실 때도 한복을 격식에 맞게 차려 입으셨다. 키가 컸고 갸름한 얼굴에 지적인 외모였다. 성격이 아주 점잖고 말수가 적었다. 꼭 하실 말씀만 하셨다.

1944~1945년 제2차 세계대전이 막바지에 이르렀을 때 서울에는 '미국이 일본을 항복시키려고 서울을 B-29으로 폭격한다'라는 소문이 자자했다. 실제로 하늘에 미군 폭격기가 하얀 포연을 만들며 지나가는 모습이 자주 목격됐다. 서울보다는 지방이 안전하다는 생각에 많은

사람이 피란을 갔다. 우리 집도 부모님은 서울에 머물렀지만 나와 동생 창원을 할아버지 댁으로 피란 보냈다. 당시 우리 형제자매는 다섯 명(누나, 나, 창원, 덕자, 삼원)으로 세원과 막냇동생 광원은 아직 태어나기 전이었다. 겨우 여덟 살이었던 꼬마 김정원은 여섯 살 동생 창원과 함께 단둘이서 기차를 탔다. 삼원은 너무 어려 우리 둘만 보낸 것 같다. 장흥까지는 서울역에서 기관차를 타고 여섯 시간 정도 가야 했다. 지금은 사라진 영산포역에서 기차를 내려 버스로 갈아탔다. 교복을 입은 채 어린 동생 손을 잡고 산길을 돌고 돌아 장흥으로 향했다. 당시에는 고속도로나 포장도로가 없어 먼지가 하얗게 날리는 시골 산길을 한참이나 가야 했다. 그러나 한반도의 서글픈 정치 현실을 몰랐던 꼬마 김정원은 할아버지 댁에 간다는 것 자체가 즐거웠다.

어린 내가 느끼기에 할아버지 댁은 어마어마하게 컸고 창고 문을 열면 수확한 고구마, 옥수수, 감자가 그득했다. 서울에서 느낄 수 없었던 풍요로움과 전원생활의 여유를 맛봤다. 몇 달간이었지만 학업을 중단할 수는 없어

1932년 9월 2일 부모님의 결혼식

일시적으로 장흥국민학교(현 초등학교)를 다녔다. 아침 일찍 일어나 소를 데리고 나가 풀을 먹이고, 풀밭에서 소와 혼연 일체가 돼 한참을 뛰어놀곤 했다. 일할 인력이 부족해서라기보다 어릴 때부터 규칙적인 생활 습관을 들이려고 할아버지가 선택한 훈육 방식이었다.

나는 할아버지가 머무는 사랑방에 자주 갔다. 아침 식사를 한 다음에는 다정하게 천자문을 가르쳐 주셨고, 언제나 대한독립의 중요성을 강조하셨다. "한국의 주권을 되찾아야 한다. 독립이 안 되면 너는 일본인으로 살아야 한다. 훌륭한 선진국이 되는 바탕을 너희 시대에는 반드시 달성해야 한다"라고 노래하듯 말씀하셨다. 어린 내게 "너는 왜 여기 왔느냐?" "그렇게 생각하는 이유가 무엇이냐?"와 같은 질문을 자주 하셨다. 어떻게 보면 구술시험 같은 대화였다. **대화를 하다 보면 무엇인가 할아버지가 꿈꾸는 세상이, 그 삶의 지향점이 내게 와닿는 느낌이 들었다.**

할아버지가 서울에 올라오실 때는 농장에서 재배한 맛있는 과일을 보따리 가득 들고 오셨다. 솜씨 좋은 맏며

느리인 어머니는 온갖 요리를 해냈다. 할아버지는 보통 일주일 동안 머무셨다. 당시에는 여행하는 게 쉽지 않았고, 농장을 관리하느라 바빠 자주 올 수도 없었다. 학용품을 사라고 용돈을 주시기도 하고 시내에 직접 데리고 나가 스웨터, 내복, 신발도 사 주셨다. 서울에 잠깐 오셨을 때도 할아버지는 내게 민족의식을 심어 주려 노력하셨고, 새로운 경험을 하도록 애쓰셨다. 가장 즐거웠던 추억은 경마장 구경이다. 할아버지 손을 잡고 도착한 신설동 근방의 경마장에는 달리는 말들과 수많은 인파, 달콤한 꿀이 가득한 호떡이 있었다. 지금도 경마장이라는 말만 들어도 할아버지가 떠오른다.

할아버지는 60세의 나이로 별세하셨다. 장례식은 전통적인 방식으로 치러졌다. 수많은 소작농이 장례식장을 가득 메웠다. 우리 가족은 할아버지로부터 물려받은 수만 평의 토지를 장흥중·고등학교에 기부했다. 할아버지는 교육에 남다른 신념을 가지신 분이었고, 그 뜻을 따르기 위해 유언을 집행하는 과정에서 그렇게 한 것 같다. 내가 소를 끌고 뛰놀던 밭은 모두 학교 토지로 귀속됐다. 인간이 영원한 삶을 살 수는 없지만 그 정신과 가치를 어떻게 남길 수 있는지 몸소 보여 주셨다.

바다를 닮은 아버지,
햇살 같은 어머니

언젠가 한 잡지사에서 아버지에 대한 칼럼을 써 달라고 했다. 한참을 생각해 보니 드넓은 바다가 떠올랐다. 거대한 파도가 일렁일 때도 있고 한없는 침묵으로 침잠할 때도 있지만 언제나 도전 의식을 불러 일으키는 푸른 바다. 아버지는 내게 그런 존재였다. 나의 아버지 김순현金順鉉은 1910년 8월 20일에 태어나셨다. 경술국치가 그해 8월 29일이니 아버지의 탄생은 국권을 상실한 시점과 거의 일치한다. 아버지는 마초 기질이 넘치는 의리파였고 정의를 위해서는 목숨도 아까워하지 않는 신념의 사나이였다. 광주사범학교 학생 때 19세의 나이로 광주학생운동에 참여했다. 일본 경찰을 피해 다락에서 몇 달 며칠을 지낼 정도로 고초를 겪었다. 졸업 후에는 일본으로 건너가 도쿄의 주오中大대학에서 교육학을 공부했다. 할아버지는 장남인 아버지가 고향에 와서 가업을 이어 주기를 원했지만 아버지의 관심사는 따로 있었다.

아버지는 교육에 관심이 많았다. 한국이 일제로부터 독립하고 국가 발전을 이루기 위해서는 교육이 달라져야 한다고 생각했다. 어찌 됐건 일본이 우리보다 먼저 선진화됐기에 우리가 나라까지 빼앗기는 비극을 겪었다고 판단했다. 그래서 더 나은 교육을 받고자 홀로 일본으로 건너간 것이다. 1934년경에 귀국해 처음에는 교편을 잡았다. 교육자로서 한국의 자라나는 새싹들에게 우리의 얼을 심어 주기 위해 10여 년간 교육계에 투신했다.

광복 후에는 교육에 이어 언론의 중요성을 인식하신 듯하다. 아버지는 언론, 출판, 영화와 같은 분야에서 광범위하게 활동하셨다. 친구들과 함께 중앙통신사 운영에 참여하면서 기자로도 활약했다. 외국에 있는 AP, UPI 같은 통신사가 한국에도 만들어져 빠른 속도로 국내에서 일어

나는 다양한 뉴스를 국민에게 알리는 역할을 했다. 내 기억으로는 정치, 문화, 사회 등 취재한 내용을 A4 크기 종이에 인쇄해 정부기관, 기업, 언론사 등에 공급했다.

문학을 사랑했던 아버지는 출판사를 운영하시며 직접 시도 쓰셨다. 특히 약주를 하신 날에는 친구들과 서로 자신이 쓴 시를 주고받는 모습을 자주 볼 수 있었다. 특히 친한 벗이었던 국회의원 윤형남 선생과 자주 만나셨다. 저녁이면 친구들을 집으로 초대해 약주 잔을 기울이며 한국이 나아갈 방향을 진지하게 토론하곤 하셨다. 어깨너머로 들은 그 대화 내용은 이후 나의 인생, 나의 미래를 꿈꾸는 데 적지 않은 영향을 미쳤다.

예전의 우리 아버지들이 모두 그랬던 것처럼 아버지는 자식들에게 엄격하셨다. 아침 여섯 시 기상은 우리 집의 철칙이었다. 어떠한 상황에서도 결코 늦잠을 용납하지 않았다. 이불 속에서 곤히 잠들어 있던 우리 형제들은 "이 녀석들, 어서 일어나지 않고 뭐하고 있느냐"는 아버지의 천둥 같은 고함소리와 함께 눈을 뜨곤 했다. 한 겨울에도 여섯 시 기상 원칙은 어김없었다. 나와 동생들은 눈

1933년 일본 유학 당시 아버지 김순현

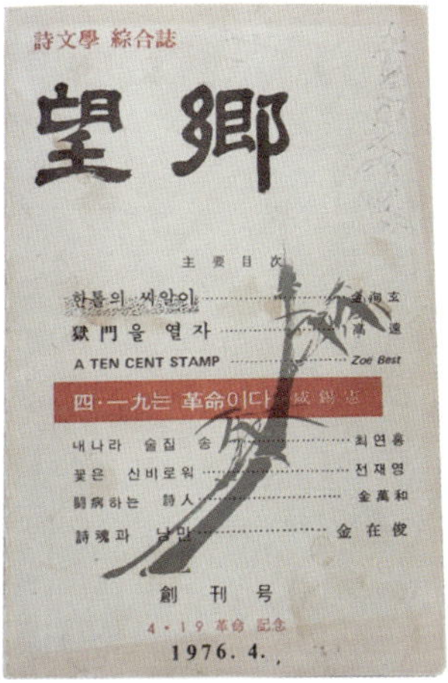

1976년 4월 미국 워싱턴 D.C. 지역에서 발행된 한인시문인협회 동인지 『망향』 창간호

아버지 김순현이 1960년대에 서울에서 발행한 월간지 『실화』에 게재된 사진. 김준연 국회의원과 아버지 김순현

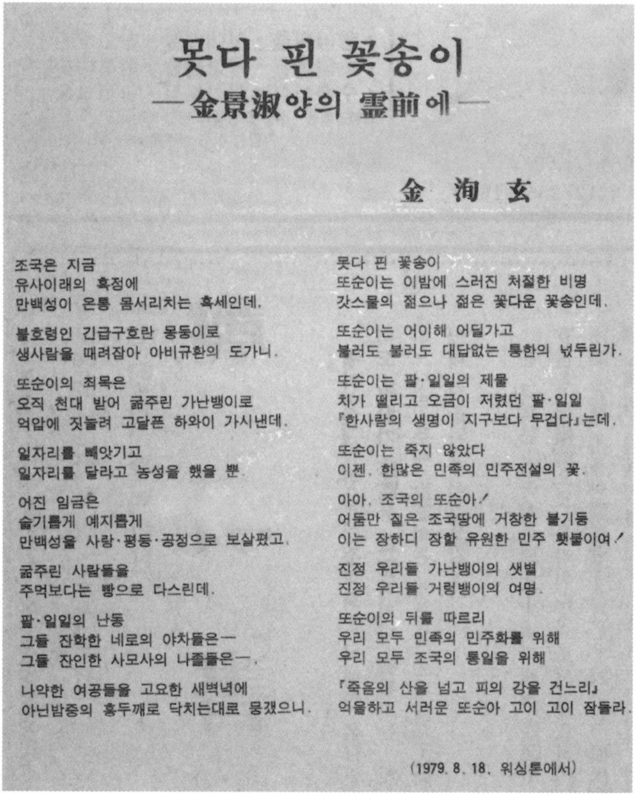

못다 핀 꽃송이

—金景淑양의 靈前에—

金 洵 玄

조국은 지금
유사이래의 혹정에
만백성이 온통 몸서리치는 혹세인데.

불호령인 긴급구호란 몽둥이로
생사람을 때려잡아 아비규환의 도가니.

또순이의 죄목은
오직 천대 받어 굶주린 가난뱅이로
억압에 짓눌려 고달픈 하와이 가시낸데.

일자리를 빼앗기고
일자리를 달라고 농성을 했을 뿐.

어진 임금은
슬기롭게 예지롭게
만백성을 사랑·평등·공정으로 보살폈고.

굶주린 사람들을
주먹보다는 빵으로 다스린데.

팔·일일의 난동
그들 잔학한 네로의 야차들은—
그들 잔인한 사모사의 나졸들은—.

나약한 여공들을 고요한 새벽녘에
아닌밤중의 홍두깨로 닥치는대로 뭉갰으니.

못다 핀 꽃송이
또순이는 이밤에 스러진 처절한 비명
갓스물의 젊으나 젊은 꽃다운 꽃송인데.

또순이는 어이해 어딜가고
불러도 불러도 대답없는 통한의 넋두린가.

또순이는 팔·일일의 제물
치가 떨리고 오금이 저렸던 팔·일일
『한사람의 생명이 지구보다 무겁다』는데.

또순이는 죽지 않았다
이젠, 한많은 민족의 민주전설의 꽃.

아아, 조국의 또순아!
어둠만 짙은 조국땅에 거창한 불기둥
이는 장하디 장할 유원한 민주 횃불이여!

진정 우리들 가난뱅이의 샛별
진정 우리들 거렁뱅이의 여명.

또순이의 뒤를 따르리
우리 모두 민족의 민주화를 위해
우리 모두 조국의 통일을 위해

『죽음의 산을 넘고 피의 강을 건느리』
억울하고 서러운 또순아 고이 고이 잠들라.

(1979. 8. 18. 워싱톤에서)

1979년 9월 14일 자 미주 『동아일보』에 한 여성 노동자의 죽음을 추모하며
기고한 김순현의 추모시

을 뜨자마자 이불을 개고 차가운 물에 걸레를 빨아 책상을 닦고 방청소를 했다. 특히 겨울에는 우물의 물이 얼어붙어 두레박으로 얼음을 깨고 얼음 조각이 둥둥 떠 있는 물을 길어 걸레를 빨았다. 청소를 마치고 말끔하게 세수한 다음에 먹는 아침 식사는 그야말로 꿀맛이었다. 우리 집의 가훈은 '정직正直'인데 그래서 내 이름에도 '바를 정正' 자가 들어가 있다. 아버지는 5남 2녀의 장남인 내게 유난히 책임감과 정직을 강조하셨다.

1961년 박정희가 군사 쿠데타를 일으켰다. 아버지는 당시 통신사, 출판사에 이어 영화사로 사업 영역을 넓히고 있었다. 광산에도 투자했다. 민주주의를 추종하는 언론인으로서 아버지는 군사 쿠데타를 단호히 반대했다. 결국 군사정권은 아버지의 전 재산을 몰수했다. 충격을 받은 아버지는 뇌출혈로 쓰러지셨다. 간병하던 어머니는 아버지를 살리려면 한국을 떠나야 한다고 판단하셨고, 내게 도움을 요청했다. 1965년 가을, 아버지는 홀로 미국 워싱턴에 오셨다. 언론인의 정치적 망명에 가까웠다. 아버지는 치료를 받고 회복되자마자 미국의 한인 교포들을 규

합해 한국의 군사독재 반대운동을 주도하셨다. 돌아가시기 직전까지 백악관 앞에서 시위를 하셨다. 아버지는 한국의 자유민주주의를 지키는 데 한 치의 타협도 허용하지 않으셨다. 아버지는 또한 애국과 고국에 대한 향수를 주제로 시를 쓰시면서 워싱턴 지역에서 최초로 한국 시문인협회를 창설하고 『망향望鄕』이라는 동인지를 간행했다. 교사, 언론인, 출판인, 시인으로 살아오신 아버지는 교회를 다녀오는 길에 교통사고를 당한 뒤 합병증으로 1982년 11월 4일에 별세하셨다.

나의 어머니… 어머니는 햇살 같은 사람이었다. 항상 말없이 사랑을 비춰 주셨다. 어머니의 존함은 김인초金仁初. 1916년 6월 17일에 전남 강진에서 태어나셨다. 오 남매의 막내였는데 일곱 살 되던 해 어머니를 여의었고, 아홉 살 때 아버지마저 돌아가셔서 형제들 손에 자랐다. 아버지와 혼인하면서 부부가 함께 서울로 왔다. 어머니는 눈만 오면 "함박눈이 펑펑 내리던 날 아침에 우리 장남을 낳았다"며 항상 내 이야기를 하셨다.

외가는 시쳇말로 우성 인자를 가진 사람들이었다. 머

리가 뛰어났고 키도 크고 외모도 출중했다. 그중에서도 이모와 어머니 사이는 각별했다. 이모의 아들이었던 오기창, 오기평은 외사촌 형들이었지만 친형제처럼 지냈다. 외삼촌은 사업가였고 외사촌 형들은 모두 서울대를 졸업했다.

어머니는 '어질 인仁' 자가 포함된 함자처럼 성품이 정말 어질었다. 어떤 순간에도 소리를 지르거나 화를 내는 일이 없었다. 항상 예의범절을 강조하고 한복을 즐겨 입으셨다. 나는 어머니의 가르침을 떠올리며 식사 예절을 엄격하게 지켰다.

어머니는 자식 사랑도 남달랐다. 1·4후퇴 때 언론인이었던 아버지가 먼저 부산으로 떠난 뒤 혼자 몸으로 일곱 명의 자식을 이끌고 대구로 피란을 갔다. 전쟁 통에도 다치거나 잃어버린 아이 하나 없이 우리를 건사했다. 당신은 굶더라도 우리에게는 음식을 나눠 주셨다. 동생 삼원이 어린 시절 홍역에 걸리자 어머니는 서울대병원에서 한 달 동안 함께 머무르며 간병했다. 칠 남매를 돌보느라 언제나 바쁘고 힘들게 사셨다.

미국에서 교통사고를 당했다가 눈을 떠 보니 제일 먼

1952년 한국전쟁 중에 찍은 가족사진
남동생 김세원, 김광원 (앞줄)
남동생 김창원, 아버지, 어머니, 남동생 김삼원 (가운데 줄)
김정원, 누나 김성희, 여동생 김덕자 (뒷줄)

1957년 9월 8일 외가와 친가 친척들과 함께 정원에서 촬영한 가족사진

저 보이는 것이 한복 차림의 어머니 얼굴이었다. 영어도 못 하는데 급하게 미국 병원으로 와서 사경을 헤매는 큰 아들 옆에서 며칠을 보내셨을 생각을 하니 지금도 마음이 먹먹하다. 내가 의식을 되찾자 한국으로 귀국한 어머니는 박사 학위를 받을 즈음 다시 미국에 오셨다. 한인 교회에서 집사를 맡아 신앙 생활도 열심히 하셨다. 미국에서도 늘 한국 음식을 직접 만들어 드셨는데 특히 미역국을 좋아하셨다.

내가 뉴욕에서 변호사를 하고 있을 무렵, 어머니 생신 선물로 하와이 여행을 보내 드린 적이 있다. 업무가 많아 치과의사인 동생 세원 부부가 여행에 동참했다. 워싱턴과는 다른 이국적인 분위기에 무척 즐거워하셨다고 한다. 아무리 바빠도 어머니를 모시고 직접 갔어야 했는데 그러지 못한 아쉬움이 크다. 어머니는 정치적 격변기에 어쩔 수 없이 미국에서 살게 됐지만 조국을 몹시 그리워하셨다. 내가 한국국제교류재단 이사장으로 있을 때 당뇨 합병증으로 투병하던 어머니는 한국에 있는 나의 집으로 오셨다. 그리고 1999년 3월 31일 영원한 여행을 떠나셨다.

조지아 현대법의 어머니가 된 캐롤린

캐롤린의 이름은 나와 결혼하면서 캐롤린 캠벨 김Carolyn Campbell Kim으로 바뀌었다. 우리가 헤어진 뒤에는 캐롤린 클락 캠벨Carolyn Clark Campbell로 결혼 전 성을 되찾았다. 캐롤린은 동유럽의 조지아(구 그루지아)가 옛 소련으로부터 독립하자 미국변호사협회를 대표해 조지아에 파견됐다. 가족을 중시하는 순박한 조지아인들의 삶이 과거 한국의 가족 문화를 떠올리게 한다며 찬사를 아끼지 않았다. 캐롤린은 조지아 헌법을 미국식 법률로 개정하는 데 결정적 역할을 했다. 여기에 머무르지 않고 조지아에 미국식 법과대학원을 만들어 변호사를 배출하고 총장, 명예총장을

2009년 조지아 집무실에서 캐롤린

거쳐 조지아인들에게 존경과 사랑을 받는 인물이 됐다.

캐롤린은 2005년에 책을 쓰기 위해 잠시 한국을 방문했다. 한국어로 된 식당 메뉴판을 읽으며 오랫동안 전혀 쓰지 않았던 한국어를 구사할 정도로 영특했다. 한국 음식을 실컷 먹을 수 있어 행복하다며 정기적으로 한국에 오고 싶다고 했다. 그리고 그때 로스쿨에 가지 않겠다고 버티던 자신을 끝까지 설득해 변호사가 되게 해 준 데 대해 감사한다고 말했다. 때마침 딸이 손주들을 모두 데리고 한국을 방문했다. 미국, 한국, 조지아로 흩어져 살아가던 우리 가족이 한자리에서 모여 함께 가족사진을 찍을 수 있어 참 행복했다.

이렇게 사람의 운명은, 인생은 아무도 알 수 없다. 혹시라도 닥칠지 모르는 우리 가정의 경제적 위기에 대비해 캐롤린에게 변호사가 돼 달라고 간청했는데, 그녀는 자신의 비범한 두뇌와 훌륭한 인성을 바탕으로 한 나라의 법을 새로 만드는 조지아 현대법의 어머니가 됐다. 참으로 고마운 일이다.

나의 딸 그리고 손주들

나는 어떤 사람이었나 생각해 보다 '어떤 아버지였을까' 하는 질문으로 이어졌다. 딸 미리를 무척 사랑했지만 엄한 아버지였던 것 같다. 물론 언성을 높이거나 하는 일은 없었지만 외동딸을 둔 여느 아버지들처럼 응석을 받아 주거나 오냐오냐 기르지 않았다. 어쩌다 딸이 잘못된 행동을 하면 벽을 보고 혼자 생각하는 시간을 갖게 했다. 딸은 같은 잘못을 두 번 반복하지는 않았다.

가난한 학생 신분으로 아버지가 됐기에 자식을 더 낳는다는 것은 생각할 수도 없었다. 경제적으로 안정된 다음 아내는 자녀를 더 두고 싶어 했고, 딸도 형제를 더 낳아 달라고 했지만 그 소원을 들어주지 못했다. 지금 생각해 보면 참으로 후회되는 대목이다. 자녀를 두세 명 더 낳았더라면 딸이 외롭지 않게 자랄 수 있었을 텐데, 형제라는 진정한 벗이 있었을 텐데 하고 반성하게 된다. 딸은 태어나면서부터 공부하는 아빠를 지켜봤고, 내가 석·박사 논문을 쓰고 우리 부부가 변호사 시험을 준비하는 과정을 보면서 자랐다. 그렇게 공부하는 우리 부부와 함께 자연스럽게 책과 친해졌다.

뉴욕에서 워싱턴으로 이사 갔을 때는 미리가 유치원에 입학할 나이였다. 보부아유치원은 어린아이도 면접 시험에 통과해야 입학할 수 있었다. 독서를 많이 한 미리는 '화성Mars'이 무엇이냐는 질문에 '또 다른 행성'이라고 답했다. 합격하고 보니 미 의회 상·하원, 백악관 자제들이 모두 다니고 있었고 에드워드 M. 케네디의 자녀도 있었다.

내가 하버드대 로스쿨에 재학 중일 때 딸과 함께 웰즐리대Wellesley College 캠퍼스에 여러 번 놀러 갔다. 웰즐리대에는 커다란 호수가 있는데 아름다운 교정을 보면서 딸은

이 학교를 다니고 싶다고 말하곤 했다. 그래서 웰즐리대한 군데만 입학 원서를 넣고 합격했다. 내가 뉴욕에서 변호사로 일하고 있을 때는 딸이 뉴욕으로 자주 오지 못했기 때문에 내가 비행기를 타고 보스턴으로 만나러 갔다. 우리는 항상 하버드 스퀘어 옆에 있는 커피숍에서 만났는데 케임브리지에 살 때부터 자주 가던 곳이었다. 대학을 졸업하고 뉴욕으로 돌아온 미리는 포덤대Fordham University 로스쿨에 진학했다. 그리고 1985년 브라이언 매니언Brian A. Mannion과 결혼했다. 사위는 MIT를 졸업한 다음 하버드대 의학전문대학원에 진학해 암 전문의가 됐다. 미리는 출산 이후 변호사 업무를 중단하고 자녀 양육과 재능기부를 하면서 살았다.

늘 공부하는 아버지의 모습을 보고 자라서인지 나의 세 손주들 모두 학업 성적이 뛰어났다. 손녀 영지Meghan는 컬럼비아대를 진학할 때만 해도 아버지를 따라 의사가 되겠다고 했었다. 그런데 병원에서 봉사 활동을 해 보더니 꿈이 바뀌었다. 로스쿨에 진학한 뒤 두각을 나타내더니 4대째 변호사 집안으로 만들어 놓았다. 변호사와 결혼

뉴욕 파크 애비뉴 자택 서재에서 딸의 사진을 들고 있는 김정원

해 내게 두 명의 증손녀를 안겨 줬다.

손자 일철Alex은 고등학교에 다닐 때부터 전국수학경시대회를 석권해 수학 천재라는 소리를 들었다. 한국을 방문한 필립스 엑서터 아카데미 관계자가 그 사실을 귀띔해 준 덕분에 나도 알게 됐다. 아버지의 모교인 MIT를 진학할 때만 해도 수학자나 과학자가 되지 않을까 내심 기대했는데, 박사 학위를 받더니 화학회사에 입사해 열심히 근무하고 있다.

막내 손자 일수Peter는 어려서부터 말수가 적고 조용한 성격이었다. 대학 졸업을 앞두고 의사가 되겠다고 진로를 정하더니 의대에 진학했다. 코로나19로 인한 팬데믹 기간 중 클리블랜드 클리닉에서 함께 근무하는 의사와 결혼해 형보다 먼저 가정을 꾸렸다.

한국에서는 손주가 유명 대학에 입학하려면 할아버지의 재력과 엄마의 정보력이 필수라는데, **우리 손주들에게 내가 해 준 것이라고는 책 읽고 공부하는 집안 분위기와 사랑하는 마음뿐이었다.**

1985년 7월 27일 뉴욕 5번가의 세인트 패트릭 대성당에서 치러진 딸의 결혼식

1987년 첫 손녀 영지(Meghan)의 백일잔치

그토록 이루고 싶은 꿈

내 삶을 돌아보면서 내가 영어로 말할 때 즐겨 쓰는 문구를 떠올렸다.

By the way

사전적으로는 '그런데' 혹은 '그런데 말입니다' 정도로 번역되며 화제를 전환할 때 주로 쓴다. 하지만 대부분의 언어 표현이 그렇듯 어떤 맥락이나 분위기에서 어떤 말투로 쓰이느냐에 따라 의미가 달라지기 때문에 이 말의 뉘앙스를 한국어로 정확하게 번역하기는 쉽지 않다.

내가 변호사로 활동하며 많은 사람을 만나고 업무를 숙련해 나가면서 중요시한 습관 가운데 하나가 '경청'이다. 대화할 때는 항상 상대방의 말이 완전히 끝날 때까지 기다린다. 그 말 속에 크고 작은 열쇠가 숨어 있기 때문이다. 그렇게 충분히 들어 준 다음 상대방의 의견을 존중하면서 내 의견을 말하기 시작할 때, **반론을 제기하면서도 상대방의 마음을 다치지 않게 하고 싶을 때 완충제 역할을 해 준 것이 바로 'By the way'다.**

한강이 내려다보이는 서재에 앉아 이번에는 나 자신에게 By the way...라고 말해 본다.

인생에 정답은 없다지만 분명한 것은 내가 걸어온 길은 나 혼자 걸어온 게 아니라는 점이다. 그 길은 나를 둘러싼 수많은 사람들과 함께 걷고 만든 길이다. 나는 좋은 사람들을 많이 만났다. 그들과 함께 문제를 해결하면서 앞으로 나아갔고 원 없이 공부할 수 있었다. 행운이었다. 어떤 때는 누구도 걷지 않은 새로운 길을 개척하며 설레기도 했고, 어떤 때는 어둠 속에서 혼자 걷는 길이 외롭고 힘들기도 했다. 그러나 누구에게나 인생은 그렇게 흘러가는 것이 아닐까.

2022년 여름, 딸과 사위가 나를 만나려고 서울에 왔다. 사위는 서울이 점점 뉴욕 맨해튼을 닮아가는 것 같다며 "이 많은 고층 건물이 정말 모두 한국전쟁 이후에 지어진 것이 맞느냐?"고 질문했다. 나는 "그렇다"라고 대답했다. 지금도 눈을 감으면 폐허가 된 서울 거리와 천막학교, 흙바람이 휘날리던 여의도 공항의 모습이 생생하게 떠오른다. 사위는 불과 70여 년 만에 이런 도시를, 이런 나라를 만들었다는 것이 믿어지지 않는다고 했다. 그 말을 듣자 문득 이런 생각이 들었다.

'아, 나의 꿈이 이뤄진 것이구나. 모두가 희망이 없다고 생각했던 그 작고 가난했던 나의 조국이 지금 By the way를 외치고 있구나.'

일제 강점기에 태어난 나에게 세계에서 열 손가락 안에 드는 경제 대국이자 자유 민주주의 국가로 우뚝 선 대한민국은 정말 이루고 싶은 꿈이었다. 지금의 한국은 나의 할아버지가, 아버지가, 내가 꿈꿨던 그 자랑스러운 나라가 아닌가. 이 눈부신 대한민국을 위해, 그 여정에서 '나'보다 '우리'를 선택했던 우리 모두에게 뜨거운 감사의 인사를 보낸다.

지은이

김정원(金正源, 1936~2023) Ph.D., J.D.

1936년 12월 13일 서울에서 태어난 저자 김정원은 국가와 학문의 경계를 넘나들며 삶의 여정을 남긴 학자, 변호사, 외교관, 자선가이다.

그는 한국전쟁 직후 경기고등학교를 졸업하고 미국으로 건너가 필립스 엑서터 아카데미에 입학한 최초의 한국인이자 전액 장학생이 되었다. 학업을 마친 후 하버드대에 입학해 한국인 최초로 학생 대표를 역임하는 역사를 썼고, 이후 컬럼비아대에서 학사 학위를 받았다.

미국 외교의 요람이라 불리는 존스홉킨스대 국제관계대학원에서 국제관계학 석사와 박사 학위를 취득했다. 브루킹스연구소, 워싱턴 외교정책 연구소, 컬럼비아대 국제정세변동 연구소, 하버드법대 동아시아 법학 연구소 연구원으로 일했다.

호바트 앤드 윌리엄 스미스 칼리지, 핀치 칼리지를 거쳐 럿거스대 교수로 재직하다가 하버드 로스쿨에 진학해 법학 박사 학위를 취득했으며, 머지 로즈 거스리 앤드 알렉산더Mudge, Rose, Guthrie & Alexander의 변호사로 근무하면서 한국인 최초의 월스트리트 변호사라는 별명을 얻었다.

1987년 한국의 민주화에 기여하기 위해 고국으로 돌아와 민주화 운동에 헌신했으며 국가안전기획부(현 국가정보원) 국제담당 2차장, 외교부 본부대사, 한국국제교류재단 이사장을 지냈다. 공직에서 물러난 후에는 대학교수로 후학을 양성하면서 국제중재재판소의 국제 중재인으로 활약했다.

2023년 1월 25일에 소천한 그는 문화를 연결하고 교육을 발전시키고, 나눔을 실천하며 조국에 헌신하는 삶을 살았다.